O que meu bebê está pensando?

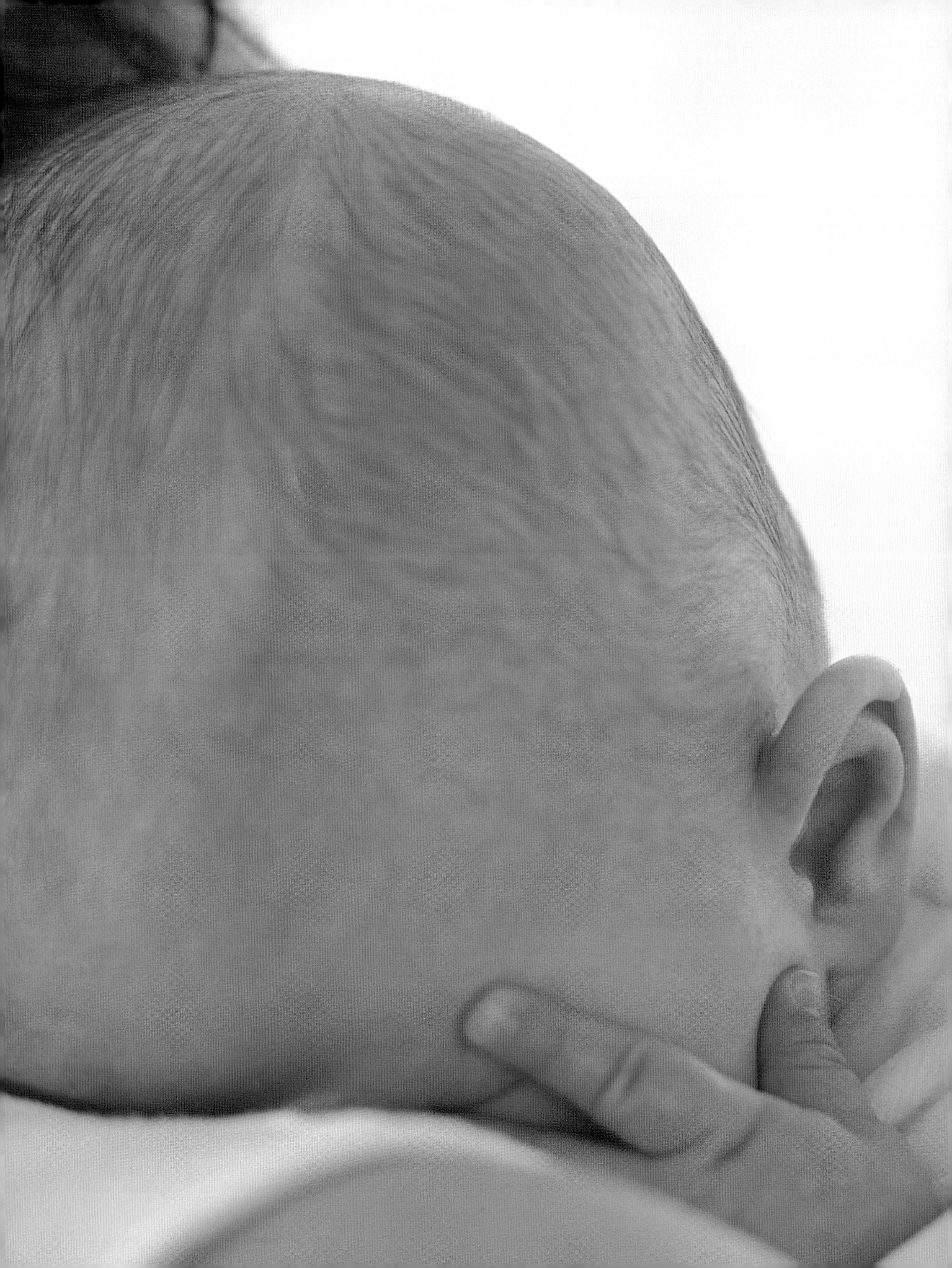

O que meu bebê está pensando?

Como entender bebês e crianças de 0-3 anos

Dr. Richard Woolfson

Manole

1ª edição publicada na Grã-Bretanha em 2006 pela Hamlyn,
um selo do Octopus Publishing Group Ltd,
2–4 Heron Quays, London E14 4JP

Tradução: Milene Albergaria

Dados Internacionais de Catalogação na Publicação (CIP)
(Câmara Brasileira do Livro, SP, Brasil)

Woolfson, Richard
O que meu bebê está pensando? : como entender bebês e crianças de 0-3 anos / Richard Woolfson ; [tradução Milene Albergaria]. -- Barueri, SP : Manole, 2006.

Título original: What is my baby thinking?
ISBN 85-204-2561-5

1. Bebês - Linguagem 2. Bebês - Psicologia 3. Pais e bebês 4. Psicologia patológica infantil I. Título

06-6648 CDD-155.422

Índice para catálogo sistemático:
1. Bebês : Corpo e linguagem : Psicologia infantil 155.422

1ª edição brasileira – 2007

Direitos em língua portuguesa adquiridos pela:
Editora Manole Ltda.
Avenida Ceci, 672 – Tamboré
CEP 06460-120 – Barueri – SP – Brasil
Fone: (11) 4196-6000 – Fax: (11) 4196-6021
www.manole.com.br
info@manole.com.br

Impresso na China
Printed and bound in China

Sumário

Introdução

Nascido para pensar

Desde o momento em que seu bebê vem ao mundo ele já está pronto para pensar. Ao nascer, o cérebro de um bebê já possui mais de 1 bilhão de células nervosas (neurônios) – ou seja, são mais de 100 bilhões de unidades celulares responsáveis pelo pensamento – que são interligadas por fibras ainda mais longas e finas (sinapses). Uma única célula nervosa pode se comunicar com cerca de outras 15 mil células.

Eu sou único

Essa rede de comunicações do pensamento é a base de todo o futuro desenvolvimento mental de seu bebê. O cérebro de cada bebê é diferente: assim como possuem diferentes personalidades e diferentes tipos de habilidades, também possuem cérebros únicos e distintos. O cérebro do seu bebê recém-nascido tem a mesma quantidade de células que o seu, mas nem todas essas células estão conectadas e por isso ele não tem a mesma capacidade de raciocínio que você. O desenvolvimento do cérebro e do raciocínio permanece durante toda a infância e ao longo da vida.

Embora não haja diferença no tamanho do cérebro de meninos e meninas (quando comparados em bebês do sexo feminino e do sexo masculino de pesos e estaturas semelhantes), nas meninas o hemisfério esquerdo do cérebro, que integra a fala e a expressão da linguagem, se desenvolve mais rapidamente. Além disso, elas tendem a usar os dois lados do cérebro simultaneamente, o que pode explicar sua facilidade em administrar várias tarefas ao mesmo tempo enquanto os meninos preferem focar a atenção em uma tarefa por vez.

Como o cérebro do seu bebê se desenvolve

A máquina de pensar do seu bebê começa a se desenvolver ainda durante a gravidez. A seguir estão alguns fatos sobre o desenvolvimento do cérebro durante o pré-natal ao longo da gestação:

Cinco semanas: as células começam a se dividir na região do prosencéfalo do embrião, que irá formar seus dois hemisférios cerebrais.

Cinco a vinte semanas: aproximadamente 50 mil – 100 mil novas células cerebrais são geradas por segundo.

Três meses: a mielina – uma substância branca gordurosa que envolve as fibras nervosas e permite o fluxo rápido da transmissão dos impulsos – desenvolve-se na medula espinal.

Seis meses: a mielina começa a se desenvolver em torno das fibras nervosas no cérebro do embrião.

Ao nascer, o cérebro do seu bebê pesa cerca de 300-350 g, dependendo de seu peso corpóreo total. Aos três anos de idade, seu cérebro já atingiu aproximadamente 80% do tamanho do cérebro de um adulto e 90% aos cinco anos de idade.

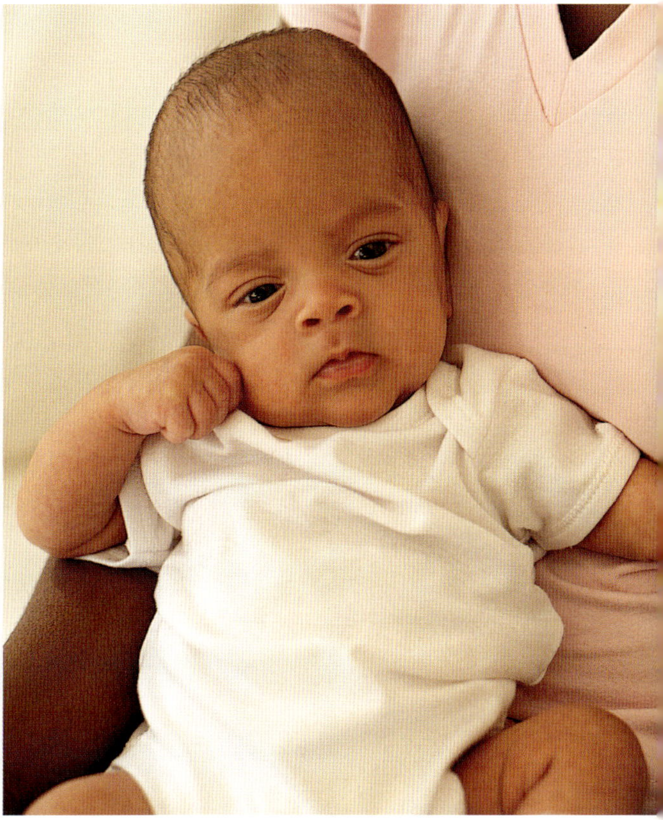

Eu preciso pensar

Seu bebê começa a usar a capacidade de raciocínio no momento em que nasce. Quanto mais você conseguir entender o que ele pensa, melhor, pois isso a ajudará a conhecê-lo melhor, e a distinguir o que ele gosta e o que não gosta, bem como suas brincadeiras e atividades preferidas. Enquanto a relação exata entre pensamento e linguagem não estiver clara, até mesmo em adultos, não há dúvida de que seu bebê pode demorar um pouco mais para começar a falar. Entretanto, assim que começar a falar, a relação entre o pensamento e a linguagem começará a ficar mais estreita.

Ainda há mais uma razão do porquê é importante saber o que seu bebê pensa. Embora as células cerebrais estejam presentes (junto a todos os outros mecanismos neurológicos necessários para tornar possível o complexo desenvolvimento do raciocínio) e sejam capazes de se comunicar entre si, ainda há muito trabalho a ser feito. Os estímulos e as experiências que o bebê vivencia durante a infância têm um papel fundamental no desenvolvimento de sua capacidade cerebral. Se você souber o que ele pensa, saberá também como instigá-lo e estimulá-lo, e conseguirá ampliar sua capacidade de raciocínio ainda mais.

Nós precisamos ter um vínculo

Durante os primeiros meses, você e seu bebê estão se unindo conforme vão se conhecendo. Esse processo de envolvimento emocional – ou seja, a formação de um vínculo afetivo íntimo entre vocês – tem um grande impacto no futuro do desenvolvimento emocional do seu bebê. Ele precisa desse vínculo com você, e essa necessidade provavelmente estará presente no pensamento dele na maior parte do tempo, principalmente durante as primeiras semanas.

Ame-me

A visão do seu bebê está pré-ajustada para focar a uma distância de aproximadamente 20-30 cm do final de seu nariz – e geralmente é essa a distância entre o seu rosto e o dele quando você o segura enquanto o amamenta (tanto na amamentação com mamadeiras ou no peito a distância é mais ou menos a mesma). Portanto, ele é pré-programado para ver seu rosto enquanto mama, e gosta muito desse momento.

Embora sua visão ainda esteja se desenvolvendo e talvez ele não seja capaz de distinguir um sorriso até que tenha atingido dois meses de vida, seu bebê pode sentir quando você está sorrindo para ele. Ele está atento às mudanças em seu tono muscular, bem como às mudanças no seu tom de voz. Quando atinge seis semanas de vida, ele começa a retribuir com seu próprio sorriso.

Sentir-se seguro em seus braços é muito importante para seu bebê – transmite proteção, uma espécie de cobertor humano que lhe dá a sensação de conforto. Sua demonstração física de carinho quando ele está se sentindo triste aumenta a ligação psicológica entre vocês. Sua capacidade de acalmá-lo com um abraço quando ele está irritado contribui para o desenvolvimento dele.

Converse comigo e me acaricie

É claro que quando seu bebê nasce ele ainda não consegue compreender a linguagem humana. Contudo, pesquisas têm revelado que o ouvido do bebê é pré-sintonizado para ouvir vozes humanas mais do que qualquer outro som presente no ambiente, mas não é só isso. Os bebês normalmente são mais sensíveis a sons que tenham timbre mais agudo e, portanto, atentam mais ao som da voz da mãe do que ao som da voz do pai.

Uma das melhores maneiras para seu bebê estabelecer um vínculo afetivo com você é através do carinho. Ele se desenvolve melhor quando você acaricia delicadamente suas bochechas ou beija suavemente seu rosto e suas mãos. Essas demonstrações de afeto o fazem se sentir bem consigo mesmo e com você. Estudos sugerem que as meninas são mais sensíveis ao toque do que os meninos, mas no geral todos os bebês adoram esse contato.

Dicas para desenvolver o vínculo afetivo

- Olhe para seu bebê enquanto ele está mamando. Sempre que possível, posicione seu rosto bem em frente ao dele, de forma que fique no ponto exato de sua linha de visão.
- Sorria bastante para seu bebê, mesmo que ele não possa retribuir com um sorriso próprio. Ele sente a intensidade do seu afeto por ele.
- Faça o melhor que puder para acalentar seu bebê quando ele estiver chorando, mesmo que você não saiba exatamente o que está deixando-o irritado naquele momento.
- Converse com seu bebê em todas as oportunidades: quando estiver amamentando-o, quando estiver trocando-o ou brincando com ele. A conversa contribui para o relacionamento de vocês.
  Quando estiver segurando seu bebê nos braços, passe seus dedos suavemente em suas bochechas ou no queixo. Ele vai vibrar de alegria!

Quero ser independente

Um dos principais impulsos que atuam no desenvolvimento de seu filho durante os primeiros anos de vida é o desejo de independência – na maioria das vezes ele gosta de fazer tudo sozinho. O problema é que geralmente suas vontades ultrapassam suas capacidades.

Eu quero fazer sozinho

Na maior parte do tempo seu bebê tenta enfrentar desafios que estão muito além de suas habilidades. Por exemplo, com oito meses de vida ele tenta ficar em pé para alcançar um brinquedo e chora se não consegue realizar o intento; ou com 1 ano e meio de idade ele tem seus cinco minutos de raiva quando você tenta ajudá-lo a colocar uma das pecinhas do classificador de formas dentro do formato correspondente.

Mas também quero que me ajudem

Quando chega o momento da independência, um fato complicado é que, embora seu filho deseje fazer tudo sozinho, ainda assim ele gosta de ter você ao lado dele para que possa sentir confiança, mesmo que muitas vezes você nem saiba exatamente o melhor a ser feito. Sua ajuda é recebida com raiva – mas, ao mesmo tempo, se você o deixa para que se vire sozinho, ele fica frustrado. Ambos os desejos competem entre si e muitas vezes é difícil conciliá-los.

Embora algumas vezes essa necessidade de independência seja inconveniente para você – por exemplo, é muito mais fácil você mesma vestir e trocar a roupa do seu filho do que esperá-lo fazer isso sozinho – faça o que puder para incentivá-lo a ser independente. Procure não dissuadi-lo.

Mostre-me o caminho

Você pode guiar seu filho no caminho em direção à independência, mostrando a ele que para atingir um objetivo é melhor subir um degrau de cada vez, em vez de dar grandes saltos. Por exemplo, suponhamos que ele queira colocar todas as peças de volta nos locais corretos do brinquedo de encaixar. Esse é um grande desafio, porque pode haver seis peças diferentes, e cada uma terá sua base de encaixe no brinquedo. Facilite a tarefa para ele entregando-lhe somente uma peça por vez, e, quem sabe, encaixando quatro das seis peças em suas bases de encaixe. Depois deixe-o colocar as peças de volta sozinho. Em outras palavras, não importa qual seja a tarefa que seu filho deseje realizar, divida-a em pequenos passos e deixe que ele dê um passo de cada vez.

Sempre que ele conseguir solucionar um problema sozinho, cubra-o de elogios. Ele ficará feliz com sua aprovação e irá se empenhar mais na próxima vez. Quanto mais êxitos seu filho obtiver em sua busca pela independência, mais entusiasmo terá para continuar fazendo progressos – e não deixe de apoiá-lo, devolvendo-lhe a autoconfiança quando ele estiver triste por ter falhado.

Desenvolvendo independência

- Crianças independentes (comparadas com outras da mesma idade) tendem a manter o mesmo nível de independência durante a juventude e a vida adulta. O caminho para alcançar a independência continua ao longo da vida.
- Muitos dos estágios do processo de independência não acontecem antes do tempo. Por exemplo, se seu bebê está frustrado porque ainda não consegue andar, tente acalmá-lo e distraí-lo. Ele irá começar a andar somente quando seu corpo estiver pronto, nunca antes disso.
- A desculpa mais comum dos pais para não incentivar seus filhos a serem independentes é o medo de que possam se machucar – eles geralmente relacionam independência com riscos. Crie uma atmosfera segura para seu filho: esteja sempre certa de que ele vai se esforçar o máximo que puder.

Eu consigo!

Uma criança autoconfiante sente-se superior a qualquer outra criança. É uma criança que encara novos desafios com muito entusiasmo. Em vez de pensar "Isso é muito difícil para mim", ela pensa "Eu tenho todas as qualidades para conseguir fazer isso".

Eu me amo

Todo o esforço que você fizer para influenciar positivamente a maneira como seu filho pensa sobre ele mesmo será válido. A criança autoconfiante sempre traz um sorriso no rosto porque curte a vida ao máximo. Ela usa muitas das dificuldades normais do dia-a-dia que poderiam deixá-la ansiosa – como resolver um quebra-cabeças, aprender novas palavras, interagir com outras crianças – em favor de seu progresso. A atitude otimista da criança autoconfiante está presente em tudo o que ela faz ao longo do dia.

A maneira positiva como ela vê a si mesma e as suas habilidades proporciona inúmeros benefícios psicológicos. Em primeiro lugar, ela tem certeza de que pode vencer qualquer desafio que tenha de enfrentar – isso a torna mais motivada a aprender. Além disso, ela gosta de si mesma como pessoa, o que a ajuda a fazer amigos com mais facilidade. E seu otimismo geralmente incentiva as outras crianças que estão em sua companhia a serem otimistas também. Sua atitude autoconfiante é contagiante.

A criança insegura

Uma criança insegura espera falhar:

- Seus pensamentos pessimistas fazem com que tenha medo de qualquer coisa nova. Falhar é a norma para esse tipo de criança e, portanto, ela nem mesmo quer se arriscar.
- Sua auto-imagem é tão vulnerável que ela se magoa facilmente com provocações sem maldade da mãe ou de um irmão mais velho – ela acredita que essas provocações sejam ameaças e insultos velados.
- Ela expressa seus sentimentos sobre si mesma e é rápida em dizer: "Eu não consigo", quando se depara com novas experiências.

Comparada com a criança autoconfiante, a criança insegura sente muito menos prazer, é mais tensa e tem poucos amigos. Diante disso, você pode notar as vantagens de ajudar seu filho a pensar de forma positiva sobre si mesmo e sobre suas habilidades. Felizmente, há muitas coisas que podem ser feitas para ajudá-lo a ter uma visão otimista da vida.

Ajude-me, por favor

Você pode incentivar ativamente seu filho a pensar "Eu consigo":

Faça-o se sentir especial: você pode incentivar sua atitude autoconfiante mostrando interesse em tudo o que ele faz, deixando-o perceber como você está feliz com o progresso que ele tem feito e dando atenção a ele sempre que possível.

Chame atenção para sua força de vontade: sempre que a confiança de seu filho estiver abalada por ele pensar: "Gostaria de ter sido melhor do que fui", relembre-o de suas caraterísticas positivas – por exemplo, o quanto você gosta de ficar com ele ou o quanto ele a ajuda quando guarda os brinquedos.

Encoraje-o: como não é fácil para seu filho persistir em brincar com um brinquedo quando ele pensa: "Isso é muito difícil para mim", esteja preparada para encorajá-lo. Suas palavras de apoio ajudam a aumentar a confiança dele.

Respeite-o: o desafio de lidar com seu filho pode parecer fácil para você (pois você é adulta e tem muita experiência de vida), mas para ele não é bem assim. Procure ouvir suas dúvidas, leve-as a sério e dê todo o suporte necessário para que ele se sinta tranqüilo.

Proponha soluções: se possível, ofereça a seu filho novas idéias quando ele estiver inseguro a respeito de alguma coisa. Não se trata de resolver os problemas para ele, mas sim de guiá-lo a uma solução que ele não tinha pensado antes.

Elogie seus esforços, não somente os resultados: a atitude autoconfiante de seu filho ficará mais acentuada se ele perceber que você fica feliz com sua força de vontade, mesmo que ele fique iludido em obter êxito sempre. Promova uma atmosfera de estímulo para que ele não tenha medo de errar.

Gente nova no pedaço

Eu sou novo aqui

Ninguém sabe ao certo o que se passa na mente de seu bebê no momento em que ele nasce. Entretanto, os psicólogos, após observarem detalhadamente o comportamento de bebês recém-nascidos, afirmam que eles já nascem com os sentidos desenvolvidos e prontos para funcionar, e que possuem o equipamento neurológico e cerebral necessário para pensar. Mas quais são as primeiras experiências de raciocínio?

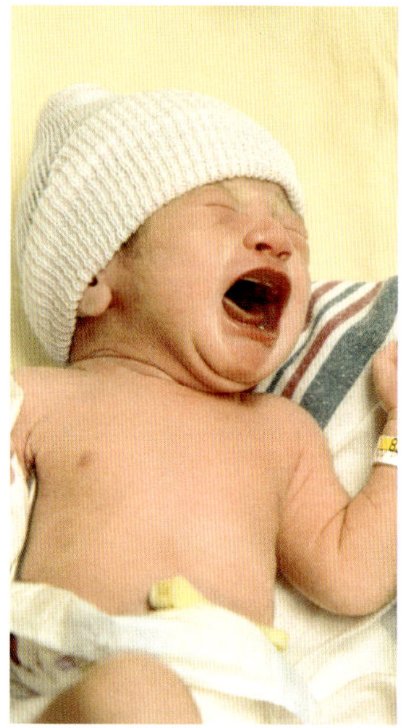

Onde estou?

O primeiro pensamento momentâneo de seu bebê talvez seja em relação ao estresse do momento do nascimento. Como ele já nasce chorando – ou pelo menos é estimulado a chorar durante alguns segundos – é, portanto, seguro afirmar que ele tem alguns pensamentos sobre dor. Embora o choro seja uma resposta instintiva, é também uma reação clara a uma experiência física. Felizmente, sua sensação de dor dura pouco tempo e logo é esquecida em meio ao seu entusiasmo diante das novidades que o cercam.

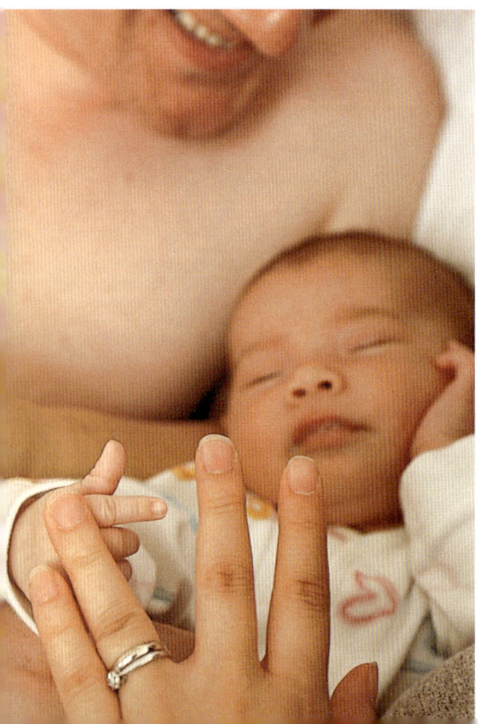

O que é isso?

O feto desenvolvido consegue detectar uma forte luz clara direcionada para o abdome da mãe. Porém, as experiências sobre luz vividas por seu bebê dentro do útero não se comparam às luzes do mundo aqui fora – há ainda um contraste muito grande entre esses dois ambientes.

É claro que seu bebê não pensa com palavras, já que ainda não fala, mas se o seu primeiro pensamento ocorresse na hora do nascimento, ele provavelmente seria: "Como é claro aqui!". Como seu bebê passou nove meses dentro do útero e está acostumado a um ambiente escuro, há muitas razões para se supor que ele se assuste com a claridade das luzes da sala de cirurgia.

Não há dúvida de que seu bebê fique fascinado com o que vê nos primeiros momentos depois do nascimento. Muitos estudos observaram as reações dos bebês nesse momento e concluíram que eles tentam rapidamente se relacionar com os adultos que o seguram pela primeira vez – geralmente a mãe, mas às vezes o pai também. É mais provável que seu bebê fique mais atento no primeiro dia de vida logo após o nascimento do que em qualquer outro dia dos meses que virão. Seus pensamentos definitivamente já começaram.

Está um pouco frio

É provável que seu bebê também pense a respeito da mudança de temperatura – a temperatura da sala de cirurgia é geralmente mais fria do que a temperatura do ambiente intra-uterino. Além disso, ele perde calor do corpo comparativamente rápido quando nasce: porque a proporção de sua área de superfície (de contato com o ambiente) para o volume do corpo é significativamente maior do que a de uma criança mais velha, e porque suas camadas de gordura e de pele são finas. Todos esses fatores contribuem para que ele pense: "Está frio aqui". Esses são os dois motivos pelos quais algumas mães optam por um tipo de parto no qual possam dar à luz em ambiente aquecido e com pouca luminosidade.

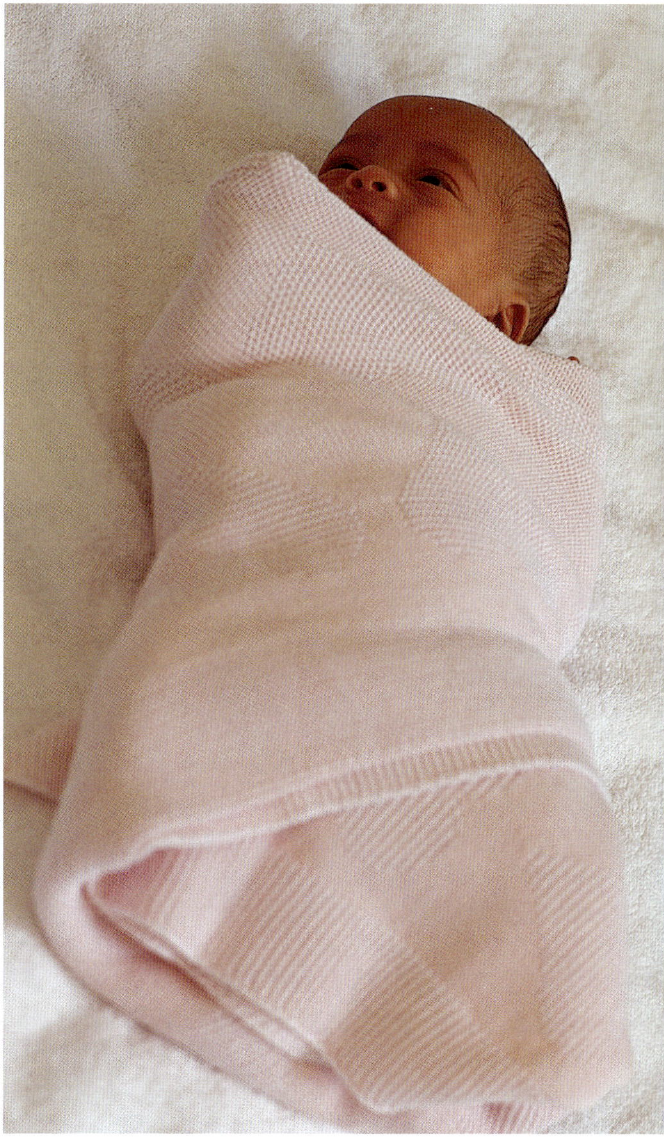

Abrace-me

Como seu bebê esteve envolvido dentro do útero durante toda a gravidez, é provável que ele se sinta inseguro pela repentina falta de seu "toque". Pensamentos como "Para onde minha mãe foi?" podem passar rapidamente pela mente de seu bebê. Esse fato aumenta a importância para que o contato físico de amor e de afeto com o seu bebê seja feito o quanto antes, logo após o nascimento. Entenda que não se trata de criar vínculo (ver páginas 10-11) – haverá muito tempo para isso. Trata-se de fazer com que seu bebê continue se sentindo seguro e protegido por meio do contato de sua pele com a dele.

Não sou totalmente incapaz

Embora seu bebê dependa totalmente de você para sobreviver, como recém-nascido ele possui algumas aptidões especiais. Na verdade, há muitas coisas que ele consegue fazer sem nem mesmo ter de pensar: por exemplo, ele consegue deglutir alimentos, agarrar objetos e piscar os olhos.

Eu não preciso pensar!

Conhecidos como reflexos, esses movimentos físicos são inatos, respostas involuntárias sobre as quais seu bebê não tem controle. Ele não precisa pensar sobre essas ações ou aprender como realizá-las elas acontecem automaticamente. Os reflexos a seguir protegem seu bebê e são necessários para sua sobrevivência:

Reflexo da respiração: o mais básico de todos, seu bebê inspira e expira o ar de seus pulmões constantemente, e controla o ritmo da respiração de acordo com suas necessidades. Esse reflexo permanece com ele durante toda a vida.

Reflexo de piscar: quando seu bebê vê uma luz forte ou ouve de repente um forte barulho, ele instintivamente pisca os olhos. Fazendo esse movimento com as pálpebras ele protege seus delicados olhos de grandes perigos.

Reflexo de sucção: quando um pequeno objeto é colocado dentro da boca de seu bebê, sobre sua língua, ele começa a sugar. Ele faz isso até mesmo quando o objeto não é um alimento, o que prova que sua reação é automática.

Reflexo de deglutição: por meio deste reflexo, seu filho poderá não somente sugar, mas também engolir alimentos (e pequenos objetos) sem que ninguém o tenha ensinado a fazer isso. O ato de sugar e engolir é tão completo que ele é capaz de beber leite, e posteriormente ingerir alimentos sólidos.

Reflexo de rotação: acaricie a face de seu bebê levemente quando ele não estiver olhando para você. Você verá que ele imediatamente vira a cabeça para o lado com os lábios abertos para sugar seus dedos. Ele instintivamente começa a procurar comida dessa forma.

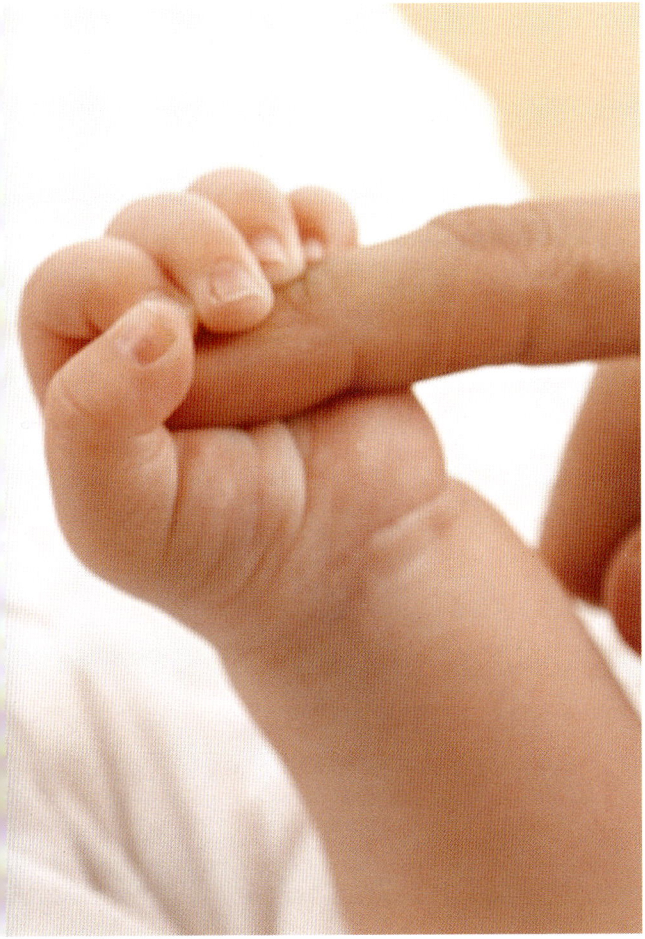

Está fora do meu controle

Seu bebê possui várias outras respostas involuntárias:

Seus pés são muito sensíveis a cócegas: se você passar a mão levemente na planta do pé de seu bebê, ele imediatamente abre os dedos em leque e em seguida os encolhe. Ele fará isso todas as vezes – é involuntário. Conhecido como reflexo de Babinski, essa resposta involuntária geralmente desaparece no final do primeiro ano.

Ele tem uma tendência natural de segurar as coisas com força: este é chamado de reflexo de preensão palmar. Sem chamar a atenção do seu bebê, passe o seu dedo indicador na palma da mão dele quando estiver aberta. Você verá que ele instintivamente agarra seu dedo com força e não solta tão fácil.

Ele tem um desejo inato de andar: o ato de andar não surge antes que ele tenha completado um ano de idade, mas nesse meio tempo ele tem um reflexo dos passos. Segure seu bebê em pé, segurando-o com firmeza por debaixo dos braços, depois vá aproximando seus pés do chão. Assim que seus pés tocarem o chão, ele começará a fazer movimentos que parecem passos como se estivesse tentando andar.

Ele prefere ficar de pé: o reflexo de Moro ocorre quando o bebê pensa que está caindo – ele automaticamente atira seus braços e pernas para fora, curva as costas e fecha os braços de volta junto ao corpo como se fosse pegar um objeto imaginário para firmá-lo.

Quanto tempo dura o reflexo?

Alguns desses reflexos desaparecem no primeiro ano de vida (por exemplo, o reflexo de rotação, o reflexo de Moro e o reflexo de preensão palmar desaparecem entre o terceiro e o quarto mês de vida), enquanto outros são permanentes (por exemplo, o reflexo de piscar, o reflexo de deglutição e o reflexo da respiração permanecem a vida inteira).

Eu consigo enxergar

Há alguns anos, os psicólogos pensavam que um bebê enxergava somente imagens confusas e distorcidas – mas pesquisas têm provado que o mundo não é um borrão para o recém-nascido. Em primeiro lugar, ele consegue ver com clareza o contraste entre o claro e o escuro. Isso explica por que seu bebê olha mais atentamente quando você fica de costas para uma janela com bastante luminosidade.

O que eu enxergo melhor

Os olhos do seu bebê possuem células especiais localizadas na parte de trás do olho que são responsáveis pela distinção das cores. Elas estão presentes desde o nascimento e começam a funcionar alguns meses depois. Objetos com padrões bem contrastantes (ou seja, preto e branco) são mais fáceis de ser vistos pelo bebê, mas ele também consegue enxergar cores fortes e básicas (como o vermelho, o amarelo e o azul). Além disso, ele tem um interesse inato por rostos: estudos têm mostrado que bebês conseguem distinguir a diferença entre uma foto normal de um rosto e uma foto com imagens misturadas.

O foco de visão de seu bebê é limitado a uma certa distância. Estimativas sugerem que no nascimento o bebê consegue enxergar um objeto com nitidez a uma distância de 6 m, enquanto um adulto consegue enxergar o mesmo objeto a uma distância de 200 m. Os bebês conseguem focar objetos próximos a uma distância de 20-30 cm (ver páginas 10-11). O reflexo da pupila, presente no nascimento, faz com que a mesma se contraia automaticamente quando os olhos do bebê são expostos a uma luminosidade intensa.

Eu estou vendo você

Essas primeiras habilidades visuais ajudam seu bebê a compreender o mundo que o cerca – mas ele não observa passivamente. Ele pensa e planeja o que vai olhar – seu bebê examina cuidadosamente o ambiente, usando o "rastreamento". Essa é a habilidade que possui para mover os olhos com o objetivo de observá-la enquanto você caminha de um lado para o outro da sala. Ele prefere usar sua visão dessa maneira.

Segure um pequeno brinquedo mantendo-o a uma distância de 1 m do rosto do seu bebê. Depois movimente-o fazendo grandes círculos com o braço. Com dois a três meses de vida, o bebê consegue seguir o movimento do objeto com os olhos. E a partir dos seis meses ele rastreia um objeto que tenha caído de suas próprias mãos.

Como as habilidades visuais se desenvolvem

Durante os dois primeiros anos de vida, seu bebê desenvolve outras habilidades visuais que interferem no modo como ele interpreta o mundo:

Acomodação visual: é o mecanismo pelo qual o olho altera a vergência do cristalino com o objetivo de focalizar os objetos. Quando o bebê atinge três meses de vida, suas habilidades de acomodação visual estão quase tão desenvolvidas quanto as suas.

Movimentos oculares sacádicos: esses pequenos movimentos permitem aos olhos escanearem um objeto ou procurar por uma cena qualquer. Essa habilidade em seu bebê recém-nascido é limitada, mas ela aumenta rapidamente durante os quatro primeiros meses.

Vergência: geralmente, quando olhamos para um objeto nossos olhos movem-se na mesma direção, mas quando olhamos para a ponta do nosso nariz, nossos olhos precisam se mover em direções opostas (vergência). Bebês recém-nascidos não possuem o movimento de vergência totalmente desenvolvido.

Dê-me bastante coisas para olhar

Decore as paredes do quarto do seu bebê com estêncil, papéis de parede com estampas e cores fortes, ou pinte as paredes com uma única cor e cole figuras diversas. Pendure um móbile sobre o berço do seu bebê para estimular suas habilidades de busca visual. É mais provável que seu bebê sinta-se visualmente atraído por brinquedos em cores primárias (como vermelho, azul e amarelo). Escolha livros que contenham figuras em cores vibrantes, que demonstrem nitidamente o contraste entre a figura no primeiro plano e o plano de fundo.

Eu consigo ouvir

Ninguém sabe ao certo o que seu bebê consegue ouvir quando está dentro do útero. Ainda assim é possível supor que como o som não é totalmente nítido quando viaja através do fluído amniótico, qualquer barulho que ele ouvir provavelmente será abafado.

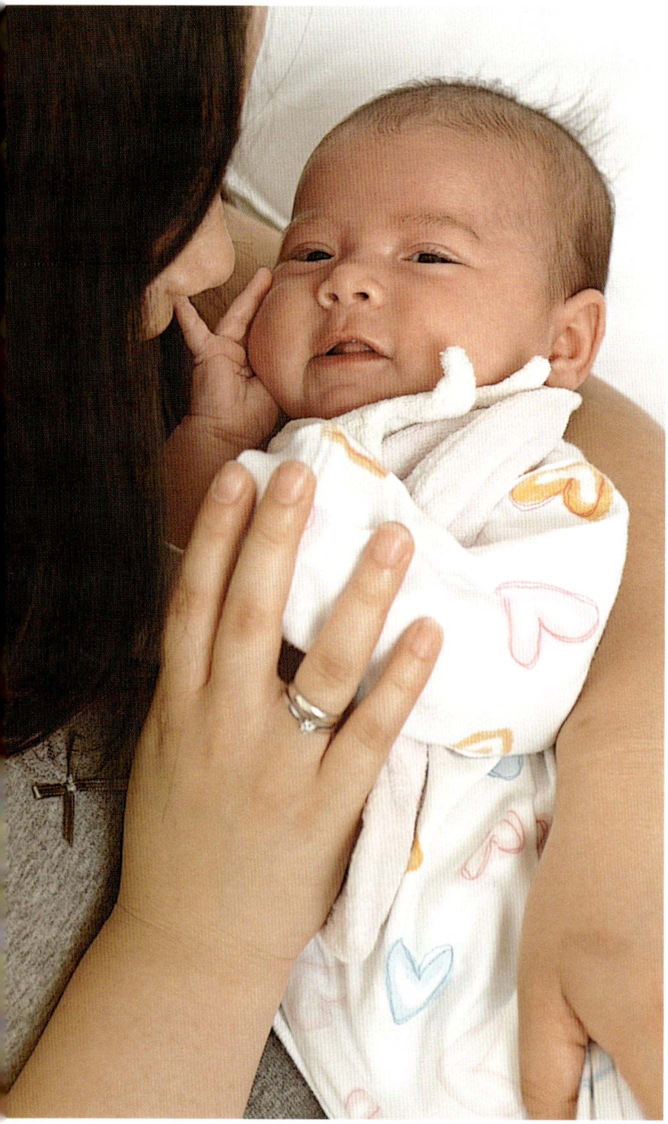

Ouço barulhos lá de fora!

Seu bebê provavelmente ouve alguns sons padrão como barulho ou silêncio, vozes altas ou vozes baixas. Além disso, o ouvido externo do feto é coberto com uma fina camada de vernix, uma substância gordurosa e esbranquiçada que tem a função de proteger a pele do bebê no útero. Em geral, o som dentro do útero é detectado pelo bebê, embora sem definição. Portanto, um dos primeiros pensamentos presentes na mente de seu bebê recém-nascido poderia ser "Que barulho é esse?".

A análise de ondas cerebrais provou que o feto pode responder a sons desde a 25ª semana da gestação. Imagens de ultra-sonografia também revelaram que a partir da 28ª semana de gestação quando o feto ouve um som ele fecha as pálpebras em resposta.

PESQUISAS MOSTRAM

Foi realizado um estudo com um grupo de mulheres grávidas no qual cada grávida preparou uma fita com a gravação de sua própria voz lendo três histórias infantis. Em seguida, os psicólogos escolheram uma das histórias e pediram para que as gestantes tocassem somente a história escolhida, várias vezes ao dia, a partir do sexto mês de gravidez. Assim que os bebês nasceram, os pesquisadores tocaram para eles as três histórias infantis previamente gravadas pelas mamães. O resultado foi surpreendente: os bebês não demonstravam nenhum interesse pelas histórias desconhecidas, mas começavam a sugar com vigor quando ouviam a história que havia sido tocada para eles durante a gravidez.

O que você disse?

Seu bebê recém-nascido tem a mesma capacidade de audição de um adulto quando está com uma gripe muito forte. Você provavelmente é capaz de ouvir um sussurro a uma distância de aproximadamente 1,5 m, enquanto seu bebê, a essa mesma distância, só consegue ouvir uma voz se estiver num volume normal de conversa. Ele consegue distinguir entre a duração e o volume dos sons e até mesmo de onde o som está vindo.

Sons com baixa freqüência são geralmente mais suaves para seu bebê do que os de alta freqüência – na verdade, é provável que os sons agudos façam seu bebê chorar. Aos seis meses, o bebê reconhece suas melodias favoritas e reage de forma diferente quando elas são modificadas.

Eu gosto de ouvir sua voz

Durante o primeiro ano de vida de seu bebê o aspecto mais fascinante de sua audição talvez seja seu crescente interesse pela fala humana – ele está pré-programado para ouvir atentamente vozes humanas mesmo ouvindo diversos outros sons todos os dias. Pesquisas têm mostrado que bebês recém-nascidos geralmente preferem sons que sejam do mesmo tom e freqüência dos sons da fala humana. Com menos de quatro dias de vida, ele é capaz de distinguir a diferença entre sua voz e a voz de uma pessoa estranha.

Ele também consegue distinguir a diferença entre os sons da fala desde muito cedo. Por exemplo, com uma semana de vida, ele consegue distinguir entre o som da vogal "a" e o som da "i", e com alguns meses de vida ele é capaz de distinguir entre os sons de consoantes como "ba" e "la". Como essas pequenas unidades de som (chamados "fonemas") são a base da fala humana, psicólogos concluem que os bebês utilizam desde muito cedo sua audição para dar início ao desenvolvimento da fala.

Eu sou muito sensível

O bebê possui cerca de 10 mil papilas gustativas, uma quantidade muito maior que a de um adulto! Embora um adulto tenha papilas gustativas somente na língua, no bebê elas se localizam também nas laterais e no céu da boca. (As meninas têm mais papilas gustativas do que os meninos.)

Vou usar só minha boca

Nos anos seguintes a quantidade extra de papilas gustativas desaparece e a que permanece na boca torna-se menos sensível. Nesse meio tempo, entretanto, usar a boca é a maneira preferida e utilizada pelo bebê para explorar e aprender sobre o mundo. Nessa fase, você o verá tentando colocar os próprios pezinhos dentro da boca!

A capacidade de distinguir entre diferentes sabores está presente desde cedo. Um bebê recém-nascido faz diferentes caretas quando experimenta algo doce, azedo ou amargo; e, portanto, percebe-se que ele sente a diferença entre os sabores. Além disso, suas expressões faciais são as mesmas que as suas quando experimenta esses sabores – por exemplo, ele sorri quando sente o gosto de um doce e faz careta quando experimenta algo amargo. Portanto, ele pensa o mesmo o que você sobre os sabores.

PESQUISAS MOSTRAM

Uma série de estudos analisou a sensibilidade ao cheiro do leite materno. Dois absorventes para seios foram oferecidos a bebês recém-nascidos. Um deles havia sido usado pelas mães dos bebês e o outro era totalmente novo, não havia sido usado. Os resultados mostraram que depois de dois a quatro dias os bebês não conseguiam notar a diferença entre os dois absorventes para seios, mas após cinco dias eles começaram a responder mais positivamente ao absorvente usado por suas mães – e do sexto dia em diante eles conseguiam diferenciar entre o absorvente usado pelas próprias mães e um absorvente para seios usado por outra pessoa.

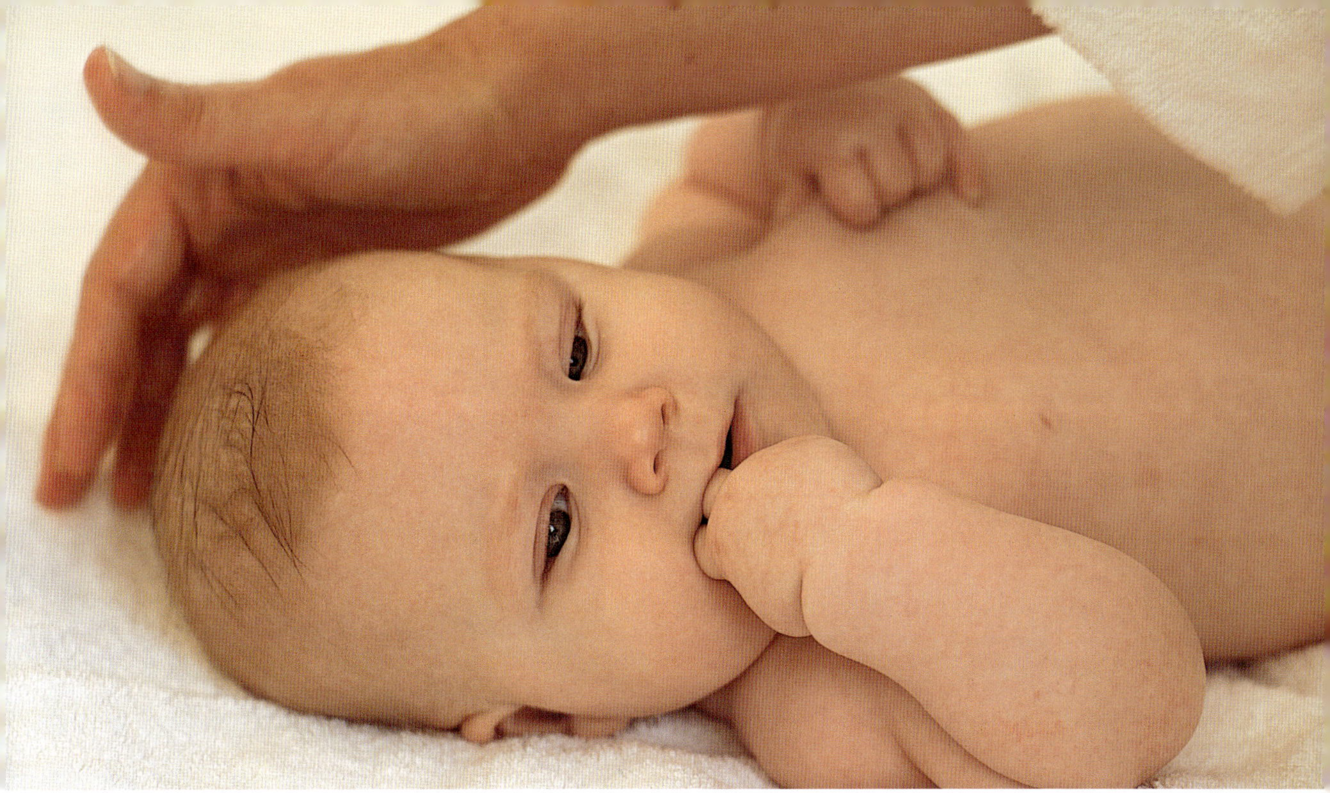

Isso me faz sentir bem

O corpo do seu bebê começa a tornar-se sensível ao toque logo após a concepção, e a partir da 32ª semana de gravidez todas as partes do corpo do bebê respondem à estimulação tátil. A pele do bebê possui cerca de 50 receptores de toque (ou seja, células que respondem ao toque) a cada centímetro quadrado, totalizando cerca de 5 milhões de células sensoriais. Há mais de 100 tipos de receptores que transmitem sinais ao cérebro sobre o toque, a pressão, a dor e a temperatura. Portanto, quando algo ou alguém o toca ele pensa "Eu senti isso".

Seu bebê desenvolve a sensibilidade ao toque rapidamente em apenas alguns dias após o nascimento. Por exemplo, logo após o nascimento um recém-nascido consegue distinguir a diferença do toque de escovas de cabelo de diâmetros diversos; ele também é sensível a uma leve brisa que você talvez nem tenha percebido. E ele certamente sente dor – é por isso que ele desata a chorar quando sente em sua pele a picada da agulha para retirada de amostra de sangue de seu calcanhar.

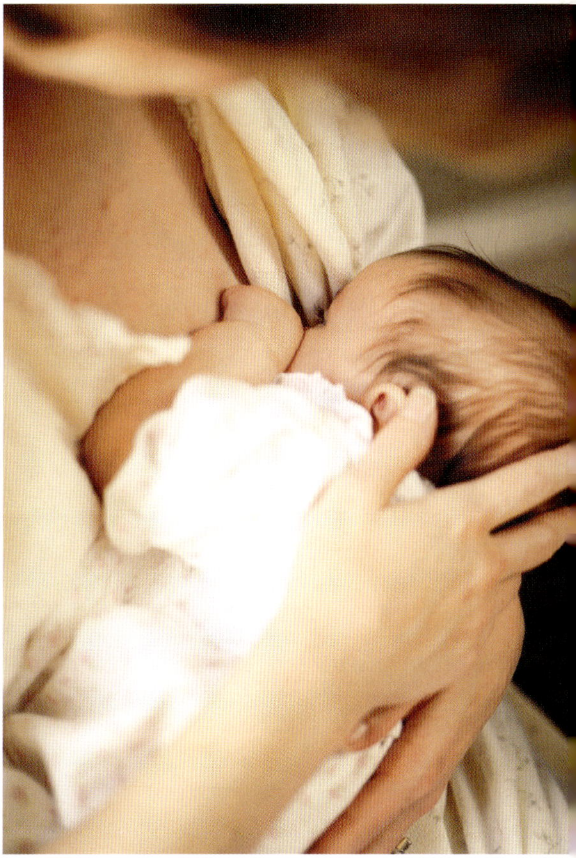

Que cheirinho gostoso!

Assim como ocorre com o toque, alguns dias após o nascimento, a sensibilidade de seu bebê ao odor aumenta constantemente. Ele tem preferências bem definidas por determinados odores. Por exemplo, ele demonstra uma expressão facial de prazer quando sente um cheiro de fruta; já quando sente um cheiro ruim, sua expressão facial demonstra que ele sente aversão àquele odor. O bebê é capaz de detectar o cheiro de uma vasta gama de alimentos incluindo peixe, manteiga e alguns tipos de frutas.

Eu gosto de me mexer

Basta observar seu bebê movendo-se em volta de seu berço, ou, nos meses seguintes, explorando cada canto da casa, para saber que o que ele está pensando é: "Ali as coisas parecem muito mais interessantes". Ele se move, engatinha e anda porque esses movimentos o ajudam a aprender e a descobrir. Na verdade, há muito para se descobrir enquanto ele está parado em algum lugar, mas ele prefere manter-se em atividade.

Vou começar de cima

A vida seria bem mais fácil para o seu bebê se ele aprendesse a movimentar cabeça, mãos, pés e pernas, tudo ao mesmo tempo. Mas não é assim que acontece. É por isso que, por exemplo, ele gira o corpo com força, mas não coordena os movimentos das pernas. Ele pode pressionar o corpo contra as grades laterais do berço e se romper em lágrimas porque não consegue sair sozinho daquela posição.

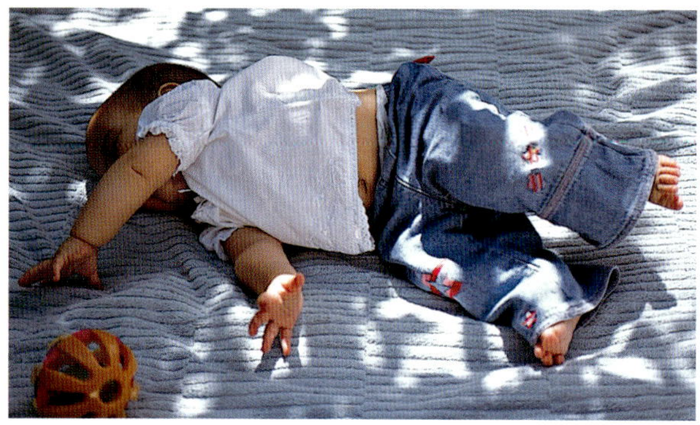

Estou no controle

O desenvolvimento e o controle dos movimentos seguem duas direções:
Desenvolvimento cefalocaudal: significa literalmente "da cabeça para a cauda" e refere-se ao fato de que o crescimento da criança se inicia na cabeça e progride para as outras partes do corpo. Durante a gravidez, a cabeça forma-se antes da medula espinal, a qual, por sua vez, forma-se antes dos pés. E quando seu bebê nasce, ele adquire o controle do pescoço e da cabeça antes de adquirir o controle das costas; e adquire o controle das costas antes de adquirir o controle das pernas e dos pés. Ele consegue girar a cabeça de um lado para o outro antes que consiga erguê-la do colchão, e consegue sentar-se antes de aprender a andar.
Desenvolvimento próximo-distal: significa literalmente "do centro para as extremidades" e refere-se ao fato de suas habilidades físicas se desenvolverem do centro para as extremidades. Por exemplo, durante a gravidez o coração e o cérebro começam a se desenvolver antes dos dedos das mãos e dos pés. Com quatro meses de vida, seu bebê provavelmente consegue rolar de um lado para outro no berço, mas ainda não será capaz de pegar um pequeno objeto com as pontas dos dedos até que tenha atingido o 8º mês de vida.

Vou fazer do meu jeito

Nem todos os bebês e crianças adquirem o controle do movimento exatamente na mesma idade. Geralmente há uma variação no modo e no tempo em que cada estágio é avançado. Deixe que seu bebê encontre sua própria maneira de expressar seu desejo inato de adquirir o controle sobre os movimentos de seu corpo. Não fique preocupada se ele não seguir o mesmo padrão de desenvolvimento de outras crianças da mesma idade.

O que afeta o desenvolvimento físico?

O fato de seu bebê querer melhorar seus movimentos não significa que ele conseguirá isso automaticamente. Todos os aspectos do desenvolvimento físico dependem de um número de fatores, incluindo:

Dieta e nutrição: há uma relação linear entre o consumo de alimento e a taxa de desenvolvimento. Seu bebê precisa consumir alimentos variados e nutritivos para estimular seu desenvolvimento.

Origem cultural e étnica: há diferenças culturais e étnicas nas taxas de desenvolvimento. Por exemplo, a média de desenvolvimento das crianças australianas é maior do que a média das crianças asiáticas.

Fatores genéticos: para se ter uma idéia de qual será o peso de um bebê quando ele for adulto basta saber o peso de seus pais. A herança genética tem um papel fundamental no desenvolvimento físico.

Estímulos emocionais: se um bebê ou uma criança não se sente amado, valorizado e querido, o progresso de seu desenvolvimento físico e de suas habilidades de movimento pode ser mais lento.

Converse comigo

É fato que seu bebê ainda não sabe falar, mas ele pensa: "Eu quero conversar com você de qualquer jeito". E ele usa vários tipos de sons com esse objetivo. Além de chorar para mostrar a você que está com fome, que precisa ser trocado ou que está com sono, ele também emite sons mais agradáveis para mostrar a você que está tranqüilo e confortável.

Como se desenvolvem as capacidades da fala e da linguagem

Nas primeiras semanas e meses, seu bebê possui algumas capacidades de linguagem e de fala que lhe permitem comunicar-se com você de um jeito próprio. Vejamos quais são essas capacidades:

Distinção das consoantes: com cerca de um mês de vida, seu bebê reage de forma diferente a cada som consonantal. Por exemplo, se ele ouvir repetidamente o som da letra "b" e depois ouvir o som da letra "n", a mudança em seus batimentos cardíacos confirma que ele sabe que se trata de um novo som.

Distinção das vogais: as diferenças entre as vogais são mais difíceis de serem detectadas do que as diferenças entre as consoantes. Por exemplo, a diferença entre o "i" e o "e" não é tão clara quanto a diferença entre o "k" e o "s". Ainda assim seu bebê consegue distinguir uma vogal da outra.

Distinção do choro: quando seu bebê tem apenas algumas horas de vida, ele reage de formas diferentes a um choro humano ou a um choro gerado por um computador – ele fica mais aborrecido ao ouvir o som humano de tristeza. Ele pensa: "Ouvi outra pessoa chorar e isso me deixou triste".

Distinção da entonação: um estudo descobriu que no quarto ou quinto dia após o nascimento, um recém-nascido consegue distinguir entre palavras ditas a ele em sua língua materna e em uma língua estrangeira. Essa capacidade deve-se provavelmente à diferença de entonação e acento de cada língua.

Portanto, não há nenhuma dúvida de que seu recém-nascido é capaz de – e muito interessado (em) – comunicar-se com você, seja quando ouve os sons que você emite, ou quando atrai sua atenção para os sons significativos que ele emite.

Converse comigo

Você pode ajudar seu bebê a manter seu entusiasmo natural conversando com ele ao longo do dia. Sempre que ele percebe que você está falando diretamente com ele, ele pensa: "Isso é muito divertido".

Você pode achar que descrever as tarefas comuns do dia-a-dia seja muito chato, mas seu bebê não pensa assim. Cada palavra que você diz, cada frase que usa, aumenta o entusiasmo dele pela fala e pela linguagem. Lembre-se de que, para seu filho, o mundo é um lugar novo, e ele fica fascinado com tudo o que ouve. Portanto não se surpreenda se seu bebê sorrir quando você estiver descrevendo para ele como está enxugando a louça ou se ele olhar para você com muita atenção enquanto você explica que está colocando uma meia por vez em cada pé. Ele simplesmente ama quando você fala com ele.

Estou "batendo um papo" com você

Aos dois meses de vida, o bebê começa a emitir sons guturais (gorjeios). São ruídos que soam parecidos com palavras, mas que, na verdade, não correspondem a nenhuma palavra que você usa ou conhece. Contudo, tente responder a ele como se vocês estivessem conversando, pois essa técnica permite que ele se familiarize com o conceito de "tomada de turno" em linguagem (ver páginas 96-97). Não se sinta boba fazendo isso: sua reação positiva faz com que ele sinta que suas tentativas de fala são importantes. Tenha em mente que ele se desenvolve melhor com sua demonstração de atenção, e mesmo que ele não compreenda o significado exato de tudo o que você diz, à sua própria maneira ele faz com que suas palavras tenham sentido para ele.

Eu conheço você

Quando você segura seu bebê recém-nascido em seus braços, você deve ficar se perguntando se ele conhece você – se ele realmente consegue perceber que é você quem o está segurando ou se ele ficaria feliz nos braços de qualquer outro adulto querido. Não se preocupe: ele sabe que é você. Quando ele olha em seus olhos, ele está pensando: "Olá, que bom vê-la novamente, mamãe".

Como seu bebê consegue reconhecê-la?

Seu bebê consegue identificá-la por meio de diferentes dimensões:

Identificação facial: um bebê recém-nascido olha fixamente por mais tempo para o rosto de sua mãe do que para o rosto de uma pessoa desconhecida. Portanto, ele é capaz de distinguir você das outras pessoas desde muito cedo, provavelmente a partir da primeira semana de vida.

Identificação pelo cheiro do corpo: um bebê que é amamentado pelo leite materno rapidamente torna-se sensível ao cheiro do leite de sua mãe (ver páginas 26-27), e é provável que essa sensibilidade também se estenda ao cheiro particular do corpo da mãe.

Tom de voz: um bebê recém-nascido não só identifica como prefere a voz materna. Isso não é surpresa, dado ao fato de que ele ouviu a voz da mãe durante os noves meses de gravidez. Sua voz o faz se sentir seguro e protegido.

Cantando: você pode achar que cantando sua voz é feia e desafinada, mas seu recém-nascido não pensa assim – ele gosta tanto de ouvi-la cantar que se você fizer alterações em suas canções preferidas, perceberá que ele reage com menos entusiasmo.

Passe mais tempo comigo

Com uma semana de vida ou mais, seu bebê provavelmente já será capaz de distinguir a diferença entre você e seu parceiro – levando-se em conta que ambos passam a maior parte do tempo alimentando-o, trocando-o, dando banho, conversando com ele e segurando-o. A identificação ocorre por meio da familiaridade – não é automática. Um pai ou mãe que deseja ser reconhecido pelo seu bebê precisa estar ativamente envolvido com ele, constantemente, como parte de sua rotina diária.

Definitivamente é você

É mais fácil para seu bebê reconhecê-la quando ele pode usar seus sentidos de várias maneiras diferentes. Por exemplo, é mais provável que ele a reconheça quando consegue ouvir sua voz e ver seu rosto ao mesmo tempo, ou quando você o segura em seus braços enquanto olha para ele. Ele reúne todas essas pequenas informações antes de concluir: "Essa é minha mãe". Estudos também têm mostrado que um bebê está mais interessado em olhar para um rosto enquanto fala do que somente ouvir ou olhar; portanto, olhe para ele enquanto fala.

Estamos ficando próximos

A identificação da mãe se aperfeiçoa a um nível mais sofisticado em questão de poucos meses, permitindo ao bebê não somente reconhecê-la (em meio a qualquer outra pessoa), mas também detectar alterações no seu humor, na sua expressão facial e no seu tom de voz. Em outras palavras, ele a conhece suficientemente bem para sentir mudanças sutis. Ele começa a criar um vínculo muito forte com você, reagindo até mesmo a pequenas diferenças na sua maneira de agir com ele.

Quando uma mãe muda sua fisionomia alegre enquanto está brincando com seu bebê (por exemplo, parece triste, feliz ou apática), a fisionomia e os batimentos cardíacos do bebê também se alteram a cada mudança na fisionomia ou no estado de humor da mãe. Um resultado parecido é obtido quando a mãe altera seu tom de voz em meio a uma interação com o bebê.

Choro de bebê

Venha aqui, por favor

Talvez você não saiba com certeza o que seu bebê está pensando quando chora – e na maioria das vezes os bebês parecem chorar sem razão aparente – mas você pode ter certeza de que quando ele chora geralmente está pensando: "Venha aqui o mais rápido que puder!"

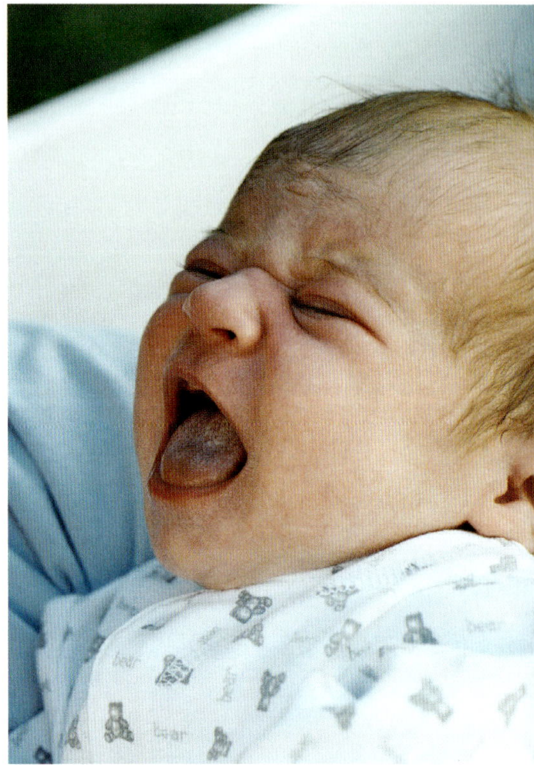

Meu choro quer dizer algo

O choro do seu bebê é mais freqüente durante os três primeiros meses, depois disso essa freqüência diminui. Você irá perceber que depois dos seis meses de vida, o momento em que seu bebê mais chora é no começo da noite (ver páginas 38-39).

Em média, os bebês choram cerca de 2 horas por dia – alguns mais, outros menos. Aproximadamente 75% dos bebês choram por 30 minutos no máximo antes de pararem: se bem que esse tempo parece maior quando é você quem está ouvindo o choro! O choro é a maneira de seu bebê expressar seus pensamentos para você, já que ele ainda não consegue usar palavras para transmitir suas idéias e sentimentos. É o modo de comunicação natural de seu bebê.

Quando estiver em dúvida

Algumas vezes você não terá a menor idéia sobre o que seu bebê está pensando quando chora. Você irá recorrer a todas as possibilidades e ainda assim poderá ficar sem resposta sobre a causa de seu choro. De qualquer forma, faça o melhor que puder para que ele se sinta bem, mesmo que você não esteja totalmente certa sobre o que está passando pela mente dele naquele momento.

Leia minha linguagem corporal

A comunicação não-verbal requer o uso de expressão facial e de movimentos de mãos, braços, pés e pernas combinados em padrões específicos, sendo que cada um transmite seu próprio significado especial. Psicólogos afirmam que mesmo quando seu filho consegue falar, transmitindo cada um de seus pensamentos, mais de 55% do significado é transmitido por sua linguagem corporal.

Você pode aprender a interpretar a linguagem corporal do seu bebê associada ao seu choro – só requer um pouco de prática. Seguem algumas sugestões que irão ajudá-la a descobrir o que ele pensa quando está chorando (ver também páginas 38-39):

"Não estou me sentindo muito bem": quando está sentindo dor, seu choro é agudo, parecido com um grito, depois ele suspira quando toma fôlego, e chora novamente. E se a dor estiver associada a algum problema de saúde, você também irá notar que seus movimentos ficam letárgicos.

"Eu quero sua companhia": quando ele se sente um pouco sozinho e com pena de si mesmo por não estar conseguindo te ver, seu choro é mais sentido do que alto, dando a impressão de que ele está triste, e não bravo. Os braços e as pernas não se mexem muito.

"Estou com fome": o choro proveniente de fome geralmente segue uma seqüência repetitiva na qual seu bebê chora insistentemente, pára por um instante para tomar fôlego, e volta a chorar, pára novamente para tomar fôlego e assim por diante. Suas mãos e seus braços se mexem freneticamente.

"Preciso que troque minha fralda": esse tipo de choro geralmente começa baixinho pois o seu desconforto aumenta aos poucos, e depois, gradativamente, começa a ficar cada vez mais alto. Você também irá notar que ele se contorce no berço enquanto chora.

"Estou entediado": como esse tipo de choro tem o objetivo único de chamar sua atenção, ele se parece mais com um berro agudo do que um grito. O bebê fica na maior parte do tempo imóvel, mas move o corpo de repente quando percebe que você está chegando perto dele.

"Estou cansado": o cansaço deixa seu bebê mal-humorado. Ele vai choramingar irritado, talvez caia no sono por alguns segundos e acorde em seguida recomeçando o choro. Você também perceberá que ele fica esfregando os olhos com as mãos ou mexendo nas orelhas.

Entenda-me

A melhor maneira de aprender a interpretar a comunicação não-verbal de seu bebê para entender o que ele pensa quando está chorando é observá-lo durante sua rotina diária. Prestando bastante atenção aos sons e expressões faciais de seu bebê, e associando isso às atitudes que você toma para acalmá-lo, você ficará surpresa com a rapidez com que se tornará hábil em ler a linguagem corporal de seu bebê de forma correta (ver também páginas 130-131).

Eu quero que me acalmem

Acalmar seu bebê quando ele está chorando não é exatamente uma ciência, principalmente porque nem sempre você sabe o real motivo de suas lágrimas. E mesmo quando você sabe e toma as providências necessárias, pode ser que ele continue chorando. Por exemplo, quando você sabe que ele está chorando porque está com fome, naturalmente você o amamenta – mas embora isso satisfaça sua necessidade básica, ele pode ter ficado tão agitado por ter chorado que começará a chorar de novo assim que terminar de mamar.

Ajude-me a me acalmar

Seguem algumas estratégicas práticas que podem ajudá-la a acalmar seu bebê quando ele estiver chorando. Lembre-se de persistir em uma estratégia por alguns dias antes de substituí-la por outra – com o tempo você irá encontrar algo que acalme seu bebê:

Balance-o: tente balançar seu bebê suavemente em seus braços, andando pela casa enquanto o segura, ou dê uma voltinha de carro com ele em sua cadeirinha própria para automóveis.
Demonstre seu carinho: experimente abraçá-lo, segurá-lo, massageá-lo suavemente ou enrolá-lo em um cobertor.
Alimente-o: dê a ele uma quantidade extra de leite, uma mamadeira com água, e/ou troque sua chupeta.
Providencie um estímulo ambiente: experimente um barulho estável, como um aspirador de pó, cante uma canção de ninar ou toque uma música suave para ele.
Dê a ele um objeto de conforto: experimente dar a ele seu brinquedo preferido ou um cobertor especial, ofereça a chupeta ou coloque-o em uma banheira com água aquecida para relaxar.
Interaja com ele: experimente distrair seu bebê tranqüilizando-o ou apenas segurando-o enquanto você fala calmamente com ele.

Choro constante

Apesar de todos seus esforços, seu bebê pode ser do tipo que chora o dia inteiro, todos os dias, sem dormir. Esse choro que parece nunca ter fim pode ser desanimador. O choro de um bebê pode fazer a noite virar dia e o dia virar noite. Dados indicam que entre 15 e 20% dos pais procuram ajuda profissional devido ao choro dos seus bebês.

Estou com cólica

O motivo mais comum para o choro persistente do bebê – especialmente se o choro ocorrer sempre no início da noite em bebês com cerca de três meses de vida – é a cólica, termo para o qual não se tem ainda uma descrição de acordo universal. O termo "cólica" deriva da palavra grega "kolokos" que significa "relativo ao cólon", sugerindo tratar-se de um problema gástrico. Os médicos usam esse termo para descrever uma dor no estômago que se supõe ser causada por um espasmo nos músculos do abdome. Entretanto, nessa idade nem todo choro tem a ver com dor.

Além disso, a cólica é difícil de ser diagnosticada. Mesmo assim, muitos pais afirmam que a cólica existe. Contudo, ninguém ainda foi capaz de explicar por que alguns bebês sofrem de cólica e outros não, ou por que o período crítico de choro causado pela cólica é no início da noite, nem por que ela acomete os bebês somente nos primeiros meses de vida. E não há nenhuma cura milagrosa para esse tipo de choro, embora algumas técnicas especiais para segurar o bebê e massagens suaves possam ajudar.

Se seu bebê chorar persistentemente e se recusar a dormir – tendo cólica ou não – esse pode ser um dos problemas mais difíceis que você terá de lidar. Em muitos casos, pode ser a fase do choro do início da noite, que precisa tomar seu curso natural antes de desaparecer por completo. Lembre-se de que o choro do seu bebê não é sua culpa, nem dele. Resista a qualquer tentação de incomodar alguém por causa dessa situação.

Não se preocupe...

Se você acha que sabe o que está aborrecendo seu bebê e mesmo assim suas medidas para acalmá-lo não tiveram o efeito desejado, entenda que se trata de um processo de tentativa e erro. Quanto mais você tentar compreender a comunicação não-verbal do seu bebê, mais apta ficará. A longo prazo, isso irá melhorar sua relação com ele e ele se sentirá mais protegido e mais seguro quando perceber que você consegue ler seus pensamentos de forma correta.

Eu gosto de rotinas

Seu filho (bebê ou criança) pode chorar se sua rotina for quebrada. Ele rompe em lágrimas porque ele pensa: "Eu gosto da vida do jeito que ela é e não quero que nada mude". E há boas razões para ele pensar assim.

Motivos pelos quais seu filho gosta de rotina

Previsibilidade: sabendo que a vida segue uma estrutura similar todos os dias, seu filho é capaz de antecipar o que está por vir – por exemplo, ele sabe que a hora do banho é sempre após a hora do lanche da tarde, ou que você sempre brinca com ele depois de trocá-lo. A rotina permite a ele pensar adiante à sua maneira.

Similaridade: seu bebê gosta de familiaridade, estabilidade e consistência. Ele gosta de saber que cada dia segue um padrão similar. Por isso não se surpreenda quando ele brincar com os mesmos brinquedos ou começar a sorrir quando ele vir você preparando seu banho. Uma rotina diária ajuda seu bebê a se sentir seguro e protegido.

No controle: no momento em que seu bebê atinge a fase que vai do primeiro ao terceiro ano de vida, você provavelmente começará a permitir que ele faça algumas pequenas escolhas, como qual vídeo assistir, qual música ouvir e cantar e com quais brinquedos brincar. Uma rotina com atividades previsíveis que ele possa escolher lhe dá um senso de controle que, por sua vez, aumenta sua confiança.

Estou inseguro

Assim como a rotina faz seu filho se sentir seguro e protegido, uma mudança nessa rotina pode resultar em insegurança e lágrimas. Ele gosta das coisas como elas são e não quer que nada mude (a menos, é claro, que ele inicie a mudança por conta própria). Isso explica por que ele pode ter um acesso de raiva quando você sugerir um passeio ou uma atividade diferente para aquele dia da semana em que ele está acostumado a ir visitar a vovó. As crianças podem ser muito inflexíveis em suas expectativas.

Avise-me com antecedência

Entretanto, seu filho pode adaptar-se às mudanças na rotina se você ajudá-lo a vê-las de modo positivo. Faça o melhor que puder para prepará-lo com antecedência para a mudança que você deseja fazer em sua rotina. Se você sabe que há uma mudança iminente em sua rotina diária, fale com ele sobre isso de diversas formas para que ele fique na expectativa de que algo diferente pode acontecer. Ajude-o a preparar-se para a mudança com antecedência.

Você pode desenvolver em seu filho uma atitude positiva e flexível perante as rotinas introduzindo, aos poucos, pequenas mudanças no seu dia-a-dia. Por exemplo, você pode sair com ele em vez de deixá-lo brincando dentro de casa como ele está acostumado a fazer em um determinado horário; ou pode sugerir uma atividade diferente daquela que ele está acostumado a realizar quando brinca em casa; ou pode trocar seu lugar à mesa nos horários das refeições. Essas pequenas mudanças em sua rotina diária irão ajudá-lo a pensar: "Eu não me importo se as coisas não saírem exatamente iguais todos os dias".

Eu tenho um ritmo

A rotina funciona melhor para seu filho se estiver de acordo com seu ritmo natural. Você já deve ter notado que ele costuma ficar cansado quase sempre nos mesmos períodos ao longo do dia (embora isso possa mudar em curtos espaços de tempo), que ele fica irritado em certos momentos do dia se ele não tiver feito um lanche, e que ele espontaneamente se acalma conforme vai anoitecendo. É como se esses estados emocionais ocorressem automaticamente, sem que ele fosse induzido a isso.

A rotina diária de seu filho funciona melhor se estiver em sincronia com esses ritmos naturais diários. Ele gosta desses ritmos não somente porque fazem bem a ele, mas também porque eles confirmam que você e ele estão em harmonia. Ele pensa: "Minha mãe me conhece muito bem".

Estou com sono

Seu bebê precisa dormir bem para se sentir alegre, esperto e feliz, e ele pode chorar quando estiver com sono. Entretanto, nem sempre ele dorme exatamente na hora que você quer. Nas primeiras semanas o padrão do sono geralmente é imprevisível, mas dos seis aos oito meses de vida suas sonecas tendem a seguir um horário programado e ele começa a dormir por mais tempo durante a noite.

Está escuro lá fora

Alguns bebês se recusam a dormir a qualquer custo, mesmo quando estão cansados, enquanto outros dormem sem fazer qualquer reclamação. Tenha em mente que seu bebê precisa se adaptar à vida fora do útero, onde sempre estava escuro; aos poucos ele irá aprender que a melhor hora para dormir é à noite.

PESQUISAS MOSTRAM

É maior a chance de um bebê amamentado com leite materno acordar durante a noite do que um bebê que mama na mamadeira, e é mais provável que o primogênito tenha dificuldades para dormir do que qualquer outra criança na família. Isso provavelmente acontece porque um bebê dorme melhor quando segue uma rotina previsível; ele pensa: "Eu estou pronto para uma soneca, e é isso que vocês esperam que eu faça agora". Entretanto, um bebê amamentado com leite materno tem mais controle sobre o processo de amamentação (porque geralmente ele mama conforme a necessidade) e, portanto, está mais acostumado a ditar o seu próprio ritmo; além disso, você ainda não tem experiência necessária para estabelecer uma rotina, já que é mãe de primeira viagem. Todos esses fatores contribuem para dificultar que seu filho tenha uma noite de sono ininterrupto.

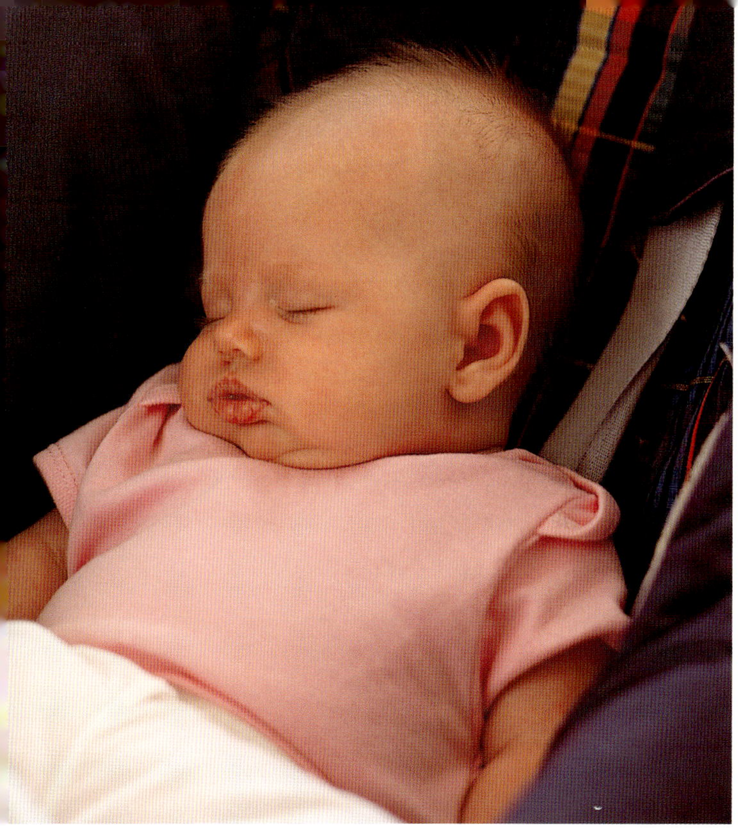

Eu gosto de dormir bastante

Durante os primeiros meses, seu bebê provavelmente dorme cerca de 19 horas por dia, e como ele pega no sono rapidamente, algumas vezes você talvez nem note que ele já não está mais acordado. Em média, ele cairá no sono mais de oito vezes por dia. Entretanto, ao completar 1 ano de idade, seu bebê precisa de menos descanso e dorme apenas cerca de 13 horas por dia. Seu padrão de sono como adulta é um pouco diferente, por isso prepare-se para se cansar com a rotina de sono de seu bebê. Mas não se preocupe – os hábitos de dormir de seu filho começam a se igualar aos seus após o primeiro ano de vida.

Preciso de um quarto confortável

O ambiente em que seu bebê dorme também é muito importante. O sono não vem enquanto ele não se sente relaxado, aquecido e confortável em seu berço e no ambiente em que estiver.

Coloque ao lado dele no berço o brinquedo preferido e deixe-o dormir segurando o cobertor de estimação. Esses itens o ajudam a relaxar, pois proporcionam a ele uma sensação de familiaridade. Ele sente-se bem em seu quarto quando pode ver e tocar nas coisas que conhece. Isso faz com que seu bebê adormeça com mais facilidade em vez de chorar para dormir.

Barulhos no ambiente também podem atrapalhar o sono do bebê. É claro que você não precisa andar pela casa com a ponta dos pés enquanto está embalando seu bebê para fazê-lo dormir; por outro lado, deixar a televisão ligada em um volume alto poderá incomodá-lo. Embora seu bebê consiga dormir em meio a alguns barulhos – e, de fato, barulhos contínuos, monótonos (como o barulho de um aspirador de pó) o ajudam a relaxar e a cair no sono – você deve evitar sons altos, como o de seus filhos mais velhos gritando um com o outro ou portas batendo pela casa.

Sonhar, sonhar, sonhar

Seu bebê sonha sim! Observe-o dormindo. Você irá perceber que de vez em quando seus olhos se movimentam rapidamente sob as pálpebras fechadas, quase como se ele estivesse examinando uma foto que somente ele pode ver. Essa fase do sono – conhecida como REM (Movimento Rápido dos Olhos) – ocorre quando seu bebê sonha. Você também pode descobrir que às vezes ele choraminga enquanto sonha ou quando muda de um estágio de sono para outro; isso não significa que ele esteja assustado, mas apenas um pouco agitado naquele momento.

PESQUISAM MOSTRAM

Seu bebê provavelmente sonha mais que você. Enquanto os adultos passam cerca de 30% do tempo que dormem sonhando, os bebês sonham entre 50 e 80% do tempo em que estão dormindo. Até mesmo dentro do útero já é possível registrar o sono REM no bebê: ultra-sonografias têm revelado que o feto começa a ter sono REM desde a 23ª semana de gestação. Alguns estudos afirmam ter provado que entre a 24ª e a 30ª semana de gestação um feto sonha todo o tempo em que está dormindo.

Eu sonho bastante

Seu bebê recém-nascido sonha mais nas duas primeiras semanas de vida do que em qualquer outro momento da vida. O sono REM começa a diminuir a partir desse momento. Aos 12 meses de vida, ele passa a ter apenas metade do sono REM que tinha 6 meses antes; e aos 3 anos de idade ele tem metade do sono REM de quando tinha 1 ano e meio, ou seja, no terceiro ano vida, o tempo de sono REM de seu filho é proporcional ao de um adulto.

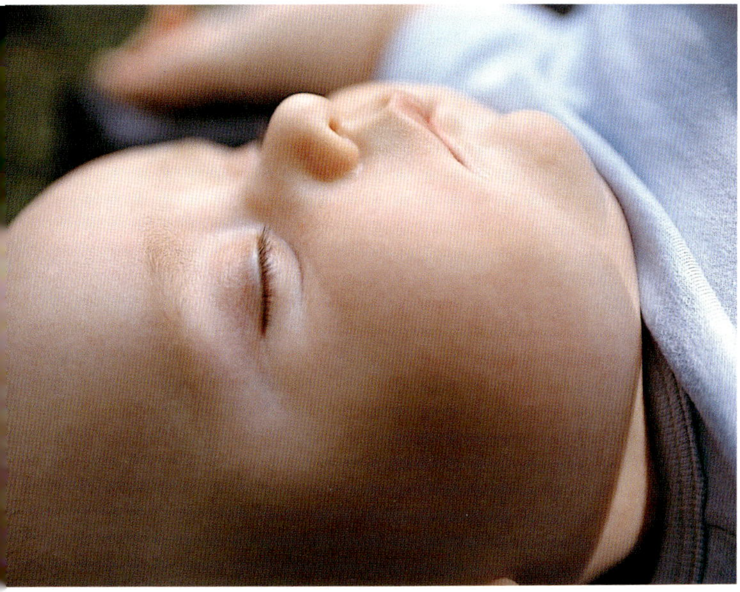

Tive um dia muito ocupado

Ninguém pode afirmar com certeza o que um bebê sonha. Sabemos como é difícil nos lembrar de nossos próprios sonhos – imagine então como deve ser um desafio para um bebê lembrar-se de seu sonho da noite anterior.

Ainda assim psicólogos acreditam que um dos objetivos dos sonhos é ajudar a pessoa a refletir sobre suas experiências anteriores. Portanto é muito provável que seu bebê sonhe com as coisas que ele vê e ouve momentos antes de pegar no sono. Ele é bombardeado por sinais, sons e sensações o dia todo, todos os dias. Para você, a maior parte deles deve passar despercebido, mas seu bebê é mais sensível. Ele provavelmente sonha com as experiências sensoriais obtidas na amamentação, no banho, na troca de fraldas e na interatividade com você.

Eu estou aprendendo

Os psicólogos consideram a hora do sonho um momento em que seu bebê está aprendendo. Para você, ele está apenas deitado, descansando, de olhos fechados, recarregando as baterias para as atividades do próximo dia. Embora isso não deixe de ser verdade, as áreas do cérebro que estão em atividade durante o sonho sugerem que além de estar descansando ele também está aprendendo. Enquanto ele sonha, novas conexões entre as células cerebrais estão sendo formadas – vitais para o desenvolvimento da capacidade de raciocínio. É como se ele conseguisse se concentrar melhor enquanto está sonhando do que se estivesse acordado, pois não há muitas coisas para distraí-lo naquele momento.

Não fique preocupada se, durante o sono REM, você vir os olhos dele movendo-se rapidamente sob as pálpebras fechadas, acompanhado de movimentos de espasmos das pernas e dos braços – isso é perfeitamente normal. Ele está apenas reagindo a uma série de imagens intensas que estão passando por sua mente naquele momento. Você perceberá que rapidamente ele volta ao ritmo do sono, sem acordar. O que ocorre é que durante esses momentos uma nova conexão cerebral está sendo formada.

Eu quero ficar acordado

Para seu bebê, a vida é muito interessante e ele prefere ficar acordado a ter de dormir à noite. Portanto, não se surpreenda se algumas vezes ele chorar em vez de dormir – essa é a forma de ele dizer a você: "Eu quero ficar acordado".

Eu consigo me acalmar sozinho

Quando seu bebê atinge os três de meses de vida, ele começa a dormir por mais tempo durante a noite – ainda bem! Para muitos pais, esse é o momento em que eles começam a prever que terão uma boa noite de sono sem interrupção.

Entretanto, seu bebê pode ser do tipo que, de vez em quando, chora recusando-se a dormir ou acorda chorando durante a noite. Dê a ele uma chance de controlar essa situação sozinho. Ele pode conseguir voltar a dormir sozinho sem precisar que você intervenha em seu auxílio – depois de alguns minutos, o choro pára e ele suavemente volta a dormir. Se isso acontecer não há necessidade de interferir; portanto, espere alguns minutos antes de decidir o que fazer.

PESQUISAS MOSTRAM

As atitudes dos pais perante o choro e o sono variam. Alguns não se importam nem um pouco se o bebê chorar antes de dormir, enquanto outros não suportam essa situação. Na maioria dos casos, os hábitos do sono de um bebê durante as quatro primeiras semanas de vida são um reflexo de seu desenvolvimento psicológico, físico e neurológico e não tem muito a ver com a maneira que ele é criado pelos pais (pressupondo-se, é claro, que o bebê seja alimentado, trocado e amado por eles). Sejamos realistas – poucos bebês dormem sem reclamar, da maneira como gostaríamos que fosse.

Vamos brincar

Há duas coisas sobre seu bebê que você precisa saber quando ele chora persistentemente durante a noite. A primeira é que ele aprende rápido, e a segunda é que ele gosta de brincar. E para ele o meio da noite é um ótimo momento para brincar, como qualquer outra hora do dia. Ele não está se importando nem um pouco se o barulho que ele faz vai incomodar os irmãos, aborrecer os pais ou irritar os vizinhos – pelo contrário, ele se diverte quando percebe que está incomodando!

Reflita com cuidado sobre a maneira como você vai reagir quando seu bebê acordar e chorar durante a noite. Se você sair correndo ao seu encontro sempre que ele acordar chorando, ele rapidamente perceberá que essa é uma ótima maneira de chamar sua atenção. E se você tornar essa experiência mais agradável para ele acendendo a luz do quarto, dando algo para ele beber ou brincando com ele, isso só irá incentivá-lo a acordar chorando todas as noites.

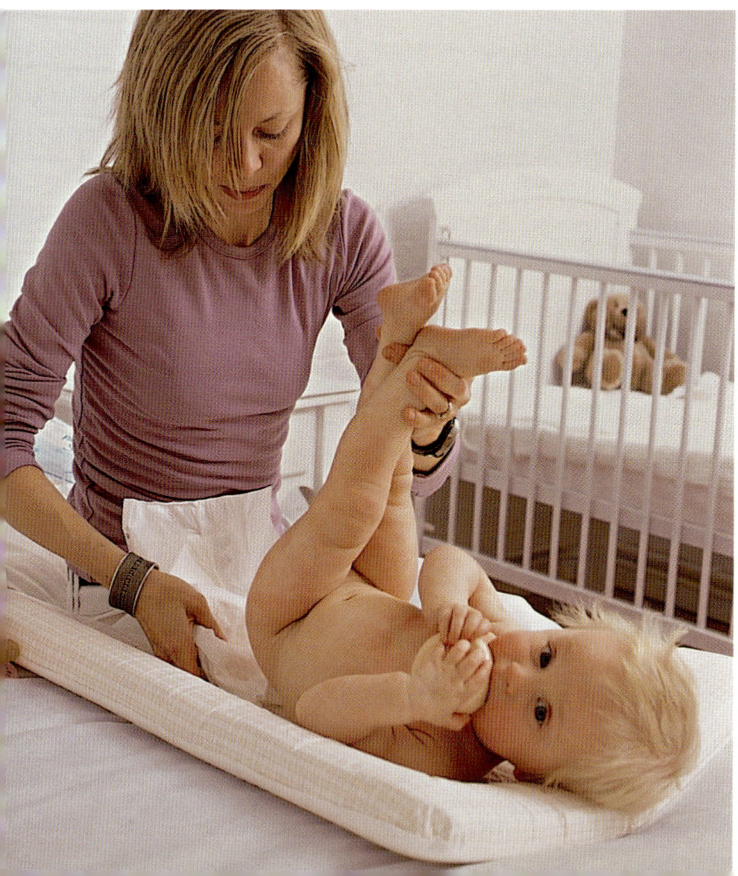

Preste atenção em mim

Há diversas formas de agir positivamente ao choro noturno de seu bebê sem fazer desse episódio uma festa. É possível dar atenção ao seu bebê e suprir sua carência emocional de uma forma que faça-o voltar a dormir, e ainda sem encorajá-lo a acordar chorando de novo durante a noite. Por exemplo, você pode ir ao quarto dele, falar com ele baixinho, acariciar seu rosto e mexer no seu cabelo, mas sem pegá-lo no colo, nem dar nada para ele comer, nem ler histórias. Você vai descobrir que basta apenas sua presença no quarto para que ele se sinta seguro novamente e possa voltar a dormir. Dessa forma, você não criará futuros problemas para você mesma nem para seu bebê.

Estou tendo um pesadelo

Infelizmente, nem todos os sonhos dos bebês são bons. Talvez você já tenha visto seu bebê se contorcer ou choramingar durante um sono profundo, ou até mesmo acordar gritando de repente – isso quer dizer que ele estava tendo um sonho ruim: um pesadelo.

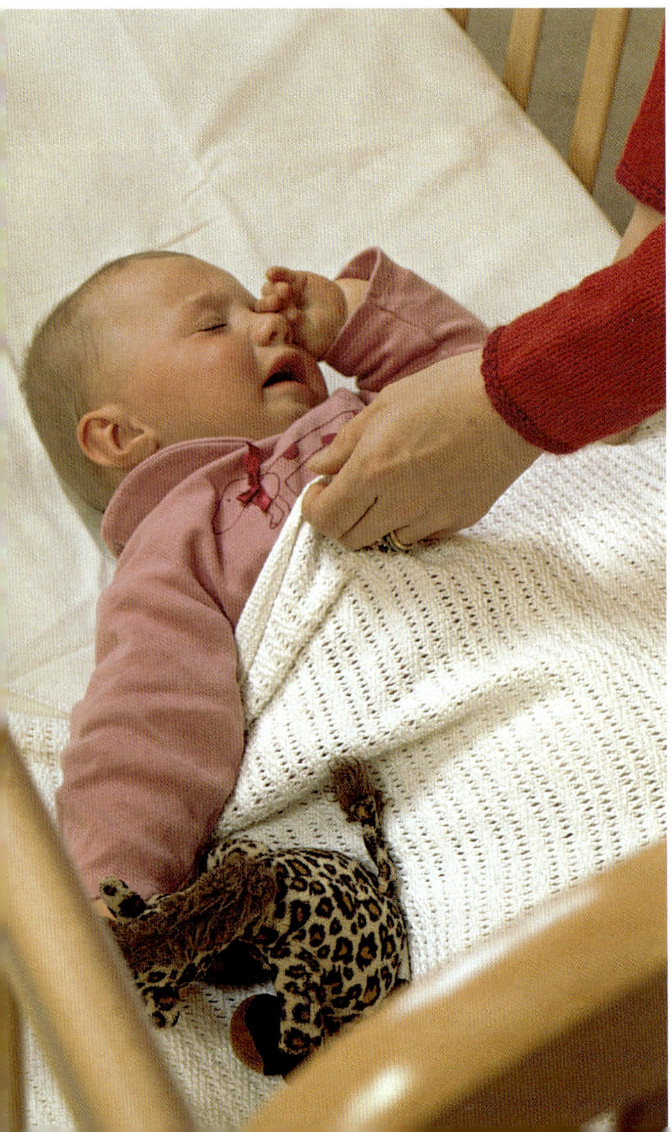

Eu não consigo lhe contar

É terrível para você ver seu filho acordar gritando no meio da noite chorando assustado. E o pior é que ele ainda é muito novo e não consegue dizer a você o que está passando em sua cabeça naquele momento. Mas não se preocupe – pesadelos nessa idade são mais comuns do que você imagina; eventuais sonhos ruins durante o primeiro ano de vida são normais.

VOCÊ SABIA?

Os psicólogos não sabem ao certo o que provoca um sonho ruim em um bebê. Possíveis causas incluem: uma reação ruim à comida ou a uma mudança em seu padrão de amamentação; uma queda ou elevação na temperatura do quarto que o faz se sentir fisicamente desconfortável; algum tipo de dor por ele estar dormindo em uma posição desconfortável; ou algum tipo de barulho. Algumas evidências indicam que a tendência a se ter pesadelos pode ser herança genética. Na maioria das vezes, entretanto, as causas são desconhecidas. Estatísticas sugerem que meninos e meninas têm pesadelos com a mesma freqüência.

Acalme-me

Se seu bebê tiver um pesadelo, não tente acordá-lo pois isso o faria se sentir ainda mais assustado. É possível que ele não esteja totalmente acordado quando chora – ele pode estar ainda no meio do sonho perturbador. Acordá-lo pode deixá-lo ainda mais aborrecido, especialmente se ele pensar que faz parte do sonho, porque isso faria com que todas as suas sensações ficassem mais reais.

Em vez disso, tranqüilize-o. Quando você perceber que ele está tendo um pesadelo, fale com ele de maneira amável, com uma voz calma e tranqüila. Acaricie seu rosto suavemente. Embora ele esteja dormindo, ele sentirá seu carinho. Diga a ele bem baixinho – mas repetidamente – que ele está bem, que está tudo bem, e que você está ao lado dele para protegê-lo. Se seu bebê não acordar em decorrência dos efeitos do pesadelo, deixe que ele continue dormindo.

Eu estou acordado

Se você vir que seu bebê acordou, depois de ter tido um pesadelo, com os olhos bem abertos e balbuciando para você, naquele momento ele pode ter dificuldade para distinguir o sonho da realidade – ele pode pensar que ainda está tendo um pesadelo. Ele precisa de você para tranqüilizá-lo e acalmá-lo. Mas lembre-se: nunca o acorde quando ele estiver tendo um pesadelo.

Você também pode ajudá-lo a se acalmar levando-o para um outro ambiente: por exemplo, pegue-o no colo e leve-o para outro quarto enquanto tenta tranqüilizá-lo ou leve-o até a cozinha e dê algo para ele comer ou beber. Essa mudança de cenário faz com que seu bebê se sinta melhor, pois proporciona a ele uma atmosfera de familiaridade e segurança, eliminando sua tensão e restabelecendo seu equilíbrio emocional. Depois coloque-o de volta no berço. É melhor não deixá-lo fora do berço por muito tempo, pois ele pode perder o sono.

Talvez seu bebê deseje que você fique com ele até pegar no sono novamente – o que seria bom para ele, especialmente se ainda estiver assustado. Ele precisa de você para fazê-lo se sentir seguro e protegido.

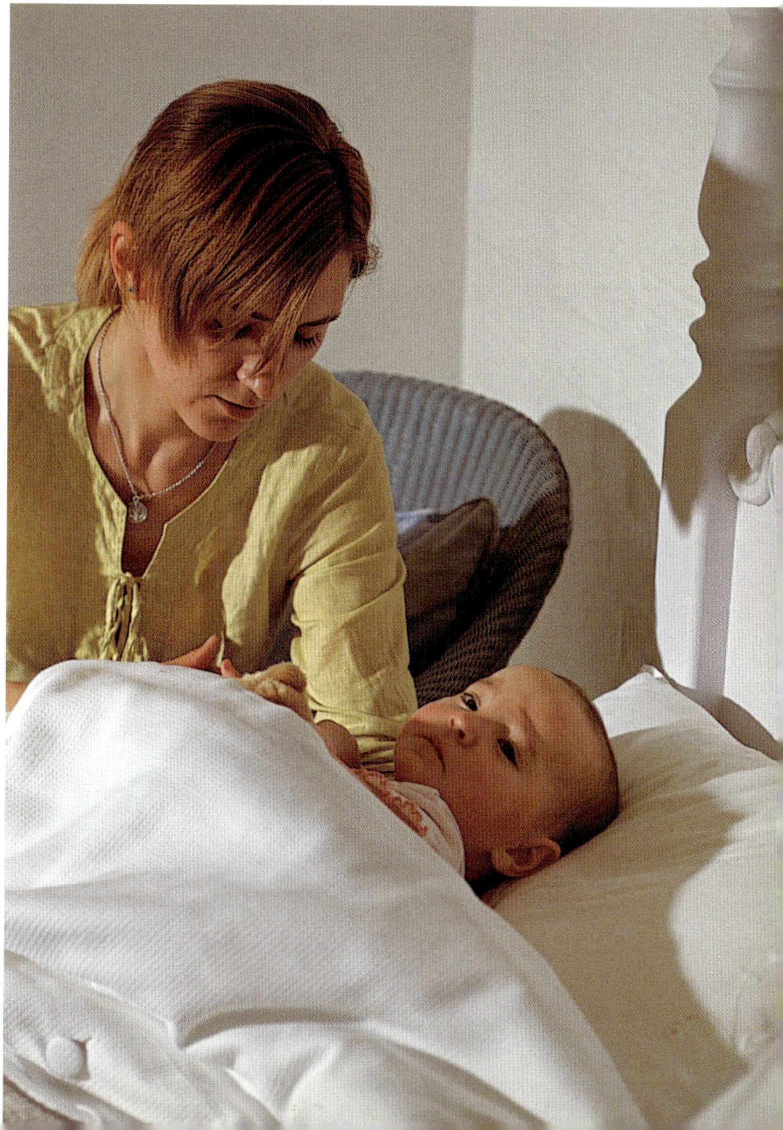

Pequeno explorador

Explorando e aprendendo

Com tanta coisa acontecendo ao seu redor, não é de se estranhar que seu bebê esteja desesperado para começar a explorar. O fato de ainda não ter o controle total sobre os movimentos dos braços, das pernas e do corpo não o impede de sentir vontade de satisfazer sua curiosidade – seu entusiasmo espontâneo e o prazer inato pela vida ultrapassam suas habilidades físicas nesse estágio. Seu bebê pensa consigo mesmo: "Tem um mundo enorme lá fora e eu quero descobri-lo".

Vou tomar minhas próprias decisões

Durante pelo menos os primeiros quatro ou cinco meses de vida, seu bebê se interessa somente por objetos e atividades que chamem sua atenção de imediato. Por exemplo, não importa o quanto você agite o chocalho na frente dele, ele não vai dar a mínima bola, a menos que o brinquedo desperte o interesse dele de alguma forma.

Às vezes é difícil entender por que ele é tão interessado por determinadas coisas. Você pode se surpreender ao perceber que seu pequeno explorador se interessa mais pela caixa do brinquedo do que pelo brinquedo em si. É difícil saber o que desperta sua curiosidade – quem sabe seja a cor da caixa ou o barulho que ela faz ao ser aberta e/ou fechada, ou talvez sua textura seja interessante.

Porém, aos seis meses de vida, ele está muito mais interessado nos brinquedos e nos jogos que você dá para ele. Nessa fase, será melhor ficar atenta ao que ele gosta e ao que não gosta, pois assim você poderá comprar novos brinquedos com muito mais confiança.

Eu não sabia que isso ia acontecer!

Seu bebê é igualzinho a um cientista, exceto pelo fato de não ter formação profissional na área! Para ele não há limites... pelo menos até que se defronte com eles. Entretanto, enquanto isso não acontece, nada está fora do alcance de seu espírito desbravador. Pode haver momentos em que, por exemplo, ao ouvir seu filho gritar, você sairá para socorrê-lo pensando que pode ter acontecido algo grave. No entanto, ao encontrá-lo poderá descobrir que ele "apenas" ficou preso sem querer entre o colchão e o berço. E não consegue sair de lá sozinho. Provavelmente ele estava tentando se mover, a seu modo, em direção a alguma coisa que tenha chamado sua atenção, mas a falta de conhecimento e de experiência fez com que ele ficasse preso. Ele precisa de seu cuidado e carinho para restabelecer a confiança e continuar a explorar o mundo.

Inteligência emocional

Além de contribuírem para o desenvolvimento da área do cérebro responsável pelo raciocínio e pelo aprendizado, essas primeiras descobertas também fazem com que seu bebê aprenda sobre as emoções. A amígdala, pequena estrutura em formato de amêndoa, situada na região do prosencéfalo, controla o desenvolvimento das emoções como autocontrole, raiva, frustração, medo e ansiedade. Psicólogos agora acreditam que a "inteligência emocional" – em outras palavras, a capacidade que uma pessoa tem de controlar de forma equilibrada suas emoções, direcionando-as em favor de sua felicidade pessoal e seu bem-estar mental – seja tão importante para o desenvolvimento satisfatório quanto a perspectiva mais tradicional da inteligência. Como as pesquisas já confirmaram que o desenvolvimento da amígdala se inicia a partir do nascimento, as experiências emocionais que seu bebê vivencia durante suas primeiras descobertas o ajudam a aprender a ter controle sobre seus sentimentos.

O teste do gosto

Com tantas papilas gustativas, uma grande habilidade para distinguir entre vários sabores e uma mente curiosa, a boca de seu bebê torna-se uma importante ferramenta de exploração. Porém, ele ainda não sabe os riscos que isso oferece – seu senso de perigo só vai começar a se desenvolver mais tarde, por volta dos três ou quatro anos.

Levo tudo à minha boca

Portanto, seu bebê ainda não aprendeu, por exemplo, que as coisas que estão no chão provavelmente estão sujas ou que ele pode se sufocar se engolir pequenas peças de brinquedos. Enquanto você ficaria com nojo ao sentir algum gosto ou cheiro ruim, seu bebê é dominado pela curiosidade e coloca na boca tudo o que encontra pela frente. Para você um determinado objeto pode não ter nenhum atrativo, mas seu bebê pensa "Humm, que interessante!".

Uma das coisas que o bebê geralmente gosta de mastigar são seus próprios dedos. Afinal, eles estão sempre lá, perto de sua boca, e prontos para serem mastigados. Além disso, eles sempre têm um gosto tão bom!

Humm, isso é bom!

Os reflexos inatos presentes desde o nascimento (ver páginas 20-21) indicam que seu bebê tem várias reações automáticas ao estímulo da boca incluindo sucção, rotação, deglutição e vômito. Como conseqüência, ele logo aprende que se alimentar não somente sacia a fome, mas também o faz se sentir feliz e seguro. Uma vez formada essa associação em sua mente, ele tenta agradar a si mesmo sugando outras coisas além de leite, como por exemplo, seu próprio cobertor. Ele pode até mesmo começar a sugar a orelha de seu urso de pelúcia. Você vai perceber que essa forma de sucção ocorre justamente antes de ele pegar no sono, como se fosse uma forma de auto-relaxamento.

Ai, isso dói!

A dentição geralmente começa por volta dos cinco ou seis meses, embora possa começar alguns meses antes ou depois. O primeiro par de dentes irrompe na gengiva inferior, e os dentes superiores aparecem alguns meses depois. A erupção continua até que o conjunto completo de vinte dentes de leite tenha aparecido, geralmente em torno do terceiro ano de idade. Depois que o primeiro dente aparece, um dente novo aparecerá mais ou menos a cada mês.

Seu filho tende a babar mais durante a dentição. Seu desconforto, muitas vezes, pode ser aliviado ao mastigar objetos duros. No entanto, algumas evidências sugerem que os sintomas da dentição são brandos. Os bebês começam a ter mais infecções quando a dentição começa porque é nesse momento que eles perdem sua imunidade natural, e isso geralmente leva os pais a pensarem, por engano, que a febre de seus filhos está sempre associada à dentição.

VOCÊ SABIA?

O auge da fase de mastigar brinquedos é entre os nove e doze meses, mas seu filho também tende a mastigar mais durante a dentição porque nesse período sua gengiva coça – e ele prefere mastigar mordedores, especialmente se forem resfriados na geladeira ou no congelador. Ele pensa: "Isso é duro e gelado, exatamente o que preciso". Mas durante a dentição ele também pensa: "Prefiro mastigar qualquer coisa a não mastigar nada", por isso procure manter limpos os brinquedos que ele geralmente usa para mastigar.

Fui eu?

Seu recém-chegado constantemente tenta interpretar todos os sons, sinais, gostos, cheiros e ações que ocorrem ao seu redor. Em primeiro lugar, ele ainda não compreende totalmente a relação causa e efeito, embora psicólogos afirmem que nos primeiros dias e semanas de vida seu bebê acredita que controla tudo.

Eu estou no comando... eu acho

Pense sobre isso: quando ele está com fome, ele chora... e a comida surge como em um passe de mágica; quando ele está sozinho, ele chora... e alguém rapidamente dá atenção a ele; e quando ele está com a fralda suja, ele chora... e novamente em um passe de mágica alguém aparece para trocar sua fralda. Embora isso seja realmente um tipo de relação de causa e efeito, seu bebê não compreende que a pessoa que o atende não está sob seu comando. Em outras palavras, na verdade, ele não está fazendo com que a pessoa responda. É por isso que ele fica frustrado nas ocasiões em que seu choro não é prontamente atendido – ele pensa: "Por que não posso ser atendido agora? Isso funcionou da última vez".

Eu faço acontecer

O bebê começa a ter noção da relação de causa e efeito provavelmente com seus próprios dedos. Aos dois ou três meses de vida, você vai perceber que, de vez em quando, ele se diverte olhando atentamente para seus pequenos dedinhos enquanto os mexe sem parar ou os abre em leque. Ele reconhece que aqueles são seus dedos, e que ele consegue movê-los sempre que quiser. A relação entre seus pensamentos e suas ações começa a se formar. Ele vibra de alegria ao brincar com os próprios dedos, pois fica satisfeito em perceber que tem certo controle sob algumas coisas em seu mundo.

Essa também é a fase em que ele começa a ter habilidade para mexer o chocalho com a intenção deliberada de fazer barulho. O aumento de seu controle sobre as mãos e sobre os dedos, junto ao aperfeiçoamento de suas habilidades de raciocínio, indicam que ele agita o chocalho para frente e para trás para fazer barulho. A sensação de prazer está estampada em seu rosto.

Isso é interessante

Com cerca de seis meses de vida, seu bebê é atraído por brinquedos de ação e reação (ou seja, aqueles que reagem de uma certa forma em conseqüência de uma determinada ação). Ele gosta do fato de que pode optar para fazer com que algo aconteça. Por exemplo, ele aprende a abraçar bem forte o cachorrinho de pelúcia que late quando pressionado, e aprende a apertar o botão do móbile pendurado sobre o berço para fazê-lo tocar.

Além de ajudar seu bebê a desenvolver sua capacidade de raciocínio e de aprendizado, esses tipos de causa e efeito aumentam sua confiança; eles reforçam sua motivação para explorar ativamente porque demonstram que ele tem poder para fazer brinquedos e objetos funcionarem.

Experimente isso

A criança com idade entre nove e doze meses utiliza em benefício próprio sua maior compreensão de causa e efeito. Por exemplo, coloque seu bebê sentado em seu cadeirão em frente à mesa da cozinha. Coloque uma toalha na mesa de forma que uma das pontas da toalha fique próxima das mãos do seu bebê e a outra ponta fique longe de seu alcance. Depois, coloque um brinquedo sobre a toalha na parte em que ficou longe de seu alcance. É muito provável que seu bebê perceba que o único jeito de pegar o brinquedo é puxando a toalha até ele. Isso prova que ele vê a relação de causa e efeito entre o movimento de sua mão, a toalha e o brinquedo.

Brincando e aprendendo

Seu bebê aprende brincando. Portanto, escolher corretamente os brinquedos pode proporcionar a ele muitas oportunidades de aprendizado e diversão. Lembre-se de que ele tem suas preferências individuais – não existe um brinquedo que agrade a todos.

Que brinquedo interessante!

A visão do seu bebê percebe com mais facilidade cores básicas como vermelho, azul, amarelo e verde. Isso significa que ele irá preferir brinquedos que sejam feitos nessas cores. Além disso, brinquedos com cores bem contrastantes também podem chamar sua atenção e aumentar sua motivação para explorar. Os brinquedos também podem ser interessantes de se ouvir (porque fazem barulho, como um chocalho, uma caixa de música, uma boneca que fala), de se tocar (porque eles têm diferentes texturas em suas superfícies) e de se olhar (porque eles têm espelhos ou luzes que acendem). Quanto mais os brinquedos estimularem seus sentidos, melhor.

Como seu bebê explora cada brinquedo não só por meio do toque, mas também mordendo, mastigando, lambendo, cutucando, batendo e esfregando, certifique-se de os brinquedos não tenham partes pontiagudas, nem pequenas peças removíveis que possam ser engolidas.

Não me force

O desenvolvimento do raciocínio de seu bebê cresce rapidamente. Ele gosta de brinquedos que estejam de acordo com seu estágio de desenvolvimento. Se você tentar forçar seu desenvolvimento, por exemplo, comprando para ele um brinquedo que não seja apropriado para sua faixa etária, ele logo perceberá que é muito difícil e desistirá. Por outro lado, se o brinquedo for fácil demais para ele, logo perderá o interesse. O brinquedo ideal para seu filho é aquele que exige dele mais do que seus brinquedos atuais, mas não tanto a ponto de ele se desinteressar e desistir totalmente. Ao escolher um brinquedo procure se colocar no lugar de seu filho.

Meninos e meninas são diferentes?

Aos dois ou três anos de idade, meninos e meninas começam a ter preferências diferentes em relação aos brinquedos. Por exemplo, os meninos muitas vezes preferem "brinquedos masculinos", como blocos de montar, soldadinhos e ferramentas de brinquedo, enquanto as meninas preferem "brinquedos femininos", como bonecas, casinhas e panelinhas. Há diferenças individuais, entretanto, você pode descobrir, por exemplo, que seu filho gosta de brincar com brinquedos que geralmente são os preferidos das meninas – isso é perfeitamente normal.

Há muita discussão entre os psicólogos sobre a origem dessas preferências por brinquedos, especialmente sobre se essa preferência é inata ou adquirida por meio da educação dos pais. Embora não se tenha uma evidência clara sobre nenhuma das duas hipóteses, é provável que as preferências por brinquedos de acordo com o sexo resultem da interação entre "natureza" e "educação".

Eu gosto de estímulos

Os brinquedos preferidos durante os primeiros dois anos de vida de seu bebê incluem os seguintes:

Blocos de montar: porque eles permitem à criança explorar e investigar, e ao mesmo tempo aprimoram sua coordenação olho-mão.

Livros de histórias: porque a criança gosta de olhar as figuras, apontá-las e ouvir você contar as histórias para ela.

Brinquedo de encaixar: porque para obter sucesso ele precisa visualizar a forma, relacioná-la com sua representação visual na base de encaixe, e em seguida encaixá-la no espaço correspondente.

Cubos de encaixe: porque ele se diverte muito encaixando cada um dos cubos dentro do outro, e isso também estimula suas habilidades de aprendizagem.

Papel e lápis de cor: porque toda criança tem alguma capacidade de criatividade e fica muito orgulhosa com suas realizações.

Muita informação

O cérebro humano desenvolve-se em etapas: há momentos fundamentais na vida em que o cérebro está especialmente propício para o desenvolvimento, e a primeira infância é um desses momentos. Seu bebê nasce com cerca de 50 trilhões de sinapses (canais de comunicação entre as células nervosas) e esse número dobra quando ele completa 1 ano de idade.

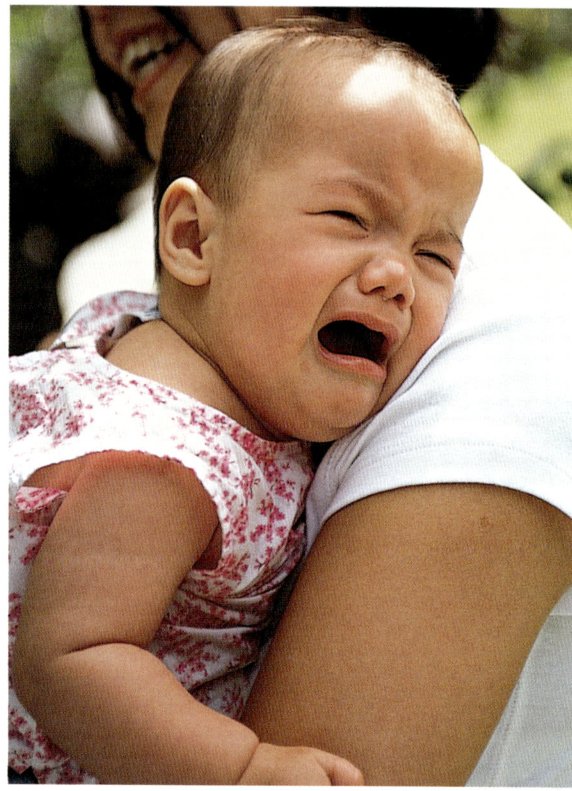

Meu cérebro dói

Estímulos, portanto, não servem só para manter seu bebê ocupado, mas também para promover o desenvolvimento de seu cérebro. Contudo, estímulos em excesso geram problemas que podem ser evitados. É como se o cérebro de seu bebê fosse forçado a uma sobrecarga, tentando administrar mais informação do que é capaz, como um computador que de repente sofre uma pane.

O problema da superestimulação

- Algumas pesquisas têm afirmado que passar muito tempo diante da TV é prejudicial para o bebê, pois pode estimular demais seu cérebro e causar dificuldade de concentração permanente.
- Os programas de TV que podem causar mais superestimulação são aqueles que mudam de uma cena para outra muito rapidamente, sem que o bebê consiga acompanhar.
- Quando um bebê concentra-se em alguma coisa por mais de 15 segundos, é menos provável que ele consiga se distrair com outras coisas. Isso é conhecido como "inércia atencional".
- Pesquisas têm demonstrado que bebês aprendem menos quando estão tensos e ansiosos do que aprenderiam se estivessem relaxados.

Eu não consigo parar

Embora tenha uma energia sem fim, uma insaciável sede de descobrir coisas novas e esteja sempre em atividade constante, seu bebê pode tornar-se superestimulado. O problema é que ele não tem capacidade para controlar e obedecer a seu próprio ritmo.

Enquanto uma criança mais velha geralmente é capaz de dizer para si mesma "Já chega!" quando se sente muito cansada para continuar, seu bebê não consegue parar. Se você não decidir por ele que ele deve parar o que está fazendo, ele persiste até ser vencido pelo cansaço e pela frustração e seja forçado a desistir. O dia-a-dia típico de um bebê deve ter momentos de descanso, de estímulos e de interações; você precisa ajudá-lo a alcançar o equilíbrio, pois ele não consegue fazer isso sozinho.

Não estou agüentando

Estes são alguns sinais de que o cérebro de seu bebê está sendo superestimulado:

Irritabilidade: ele começa a se sentir irritado com muito barulho e movimento ao seu redor. Ele não gosta de ser bombardeado com muitos estímulos em todos os momentos do dia.

Falta de concentração: geralmente, a concentração de seu bebê é oscilante. Entretanto, a superestimulação prejudica ainda mais sua concentração.

Passividade: ele não demonstra interesse pelo brinquedo novo que você comprou para ele. Ele apenas olha passivamente para o brinquedo, sem demonstrar nenhum interesse.

Agitação: ele fica inquieto até que você providencie o próximo estímulo, pois ele aprende que precisa de você para gerar seu entusiasmo.

Cansaço: seu bebê precisa de um longo período de descanso entre suas atividades, caso contrário ele fica lutando contra o sono e sua atenção diminui rapidamente.

Lágrimas inesperadas: ele é tão superestimulado que se aborrece com facilidade e começa a chorar diante de pequenas dificuldades com as quais já havia conseguido lidar anteriormente.

Para onde foi?

Quando você coloca um objeto em seu bolso ou dentro de um armário você sabe que o objeto está lá, mesmo que você não o veja. Os psicólogos chamam isso de "permanência do objeto". Porém, seu bebê recém-nascido ainda não compreende esse conceito – ele pensa: "Se eu não consigo ver o objeto, é porque ele não está lá". Esse deve ser um dos motivos pelo qual ele chora quando você o deixa sozinho no quarto: ele pensa que você desapareceu para sempre pois não consegue vê-la, ouvi-la, sentir seu cheiro ou tocá-la.

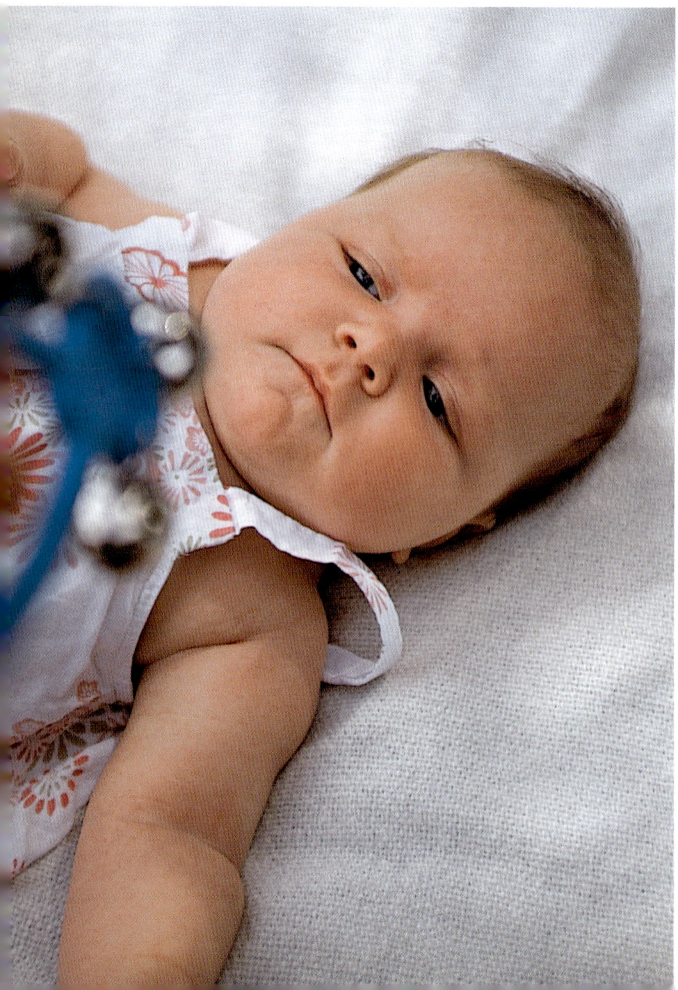

Sumiu!

Vamos imaginar que seu bebê de cerca de um ou dois meses se interesse por um pequeno brinquedo porque você o balançou na frente dele. Depois, vamos supor que você tenha deixado o brinquedo escapar de suas mãos e cair enquanto seu bebê ainda estava olhando para ele. Você provavelmente irá descobrir que ele não tenta procurar pelo brinquedo – ele não mexe a cabeça ou os olhos para fazer uma busca visual. Ele pensa: "O brinquedo sumiu, desapareceu para sempre" e rapidamente desvia sua atenção para alguma outra coisa.

Com cerca de três meses de vida, há uma pequena chance de que seu bebê possa, pelo menos, continuar a olhar fixamente por alguns segundos para o local onde o brinquedo estava antes de cair, mas isso é o máximo que ele consegue fazer. Estudos têm demonstrado que se um bebê dessa idade estica suas mãos para pegar um brinquedo que tenha chamado sua atenção, mas uma imagem aparece entre ele e o brinquedo antes que ele consiga pegá-lo, ele desiste imediatamente e recua as mãos. Ou seja, é como diz o ditado: Longe dos olhos, longe do coração.

Acho que vi alguma coisa

O processo de raciocínio de seu bebê avança mais um estágio entre o quarto e o oitavo mês de vida. Nessa fase, ele ainda pensa que um objeto que foi escondido deixou de existir por completo e portanto ele perde o interesse. Mas se ele vir uma pequena parte do objeto aparecendo por debaixo de uma roupa ou atrás de uma cortina ele ficará intrigado e confuso, como se estivesse pensando: "Isso é muito esquisito. O que é isso embaixo da roupa?". Entretanto, ele provavelmente não vai tentar pegar o objeto.

Porém, se uma grande parte do objeto estiver aparecendo, ele provavelmente irá levantar a roupa para ver o objeto por inteiro. Em outras palavras, ele sabe que o objeto está lá porque pode ver uma parte significativa do mesmo. Mas mesmo assim, a reação de seu bebê vai depender, primeiramente, de como o objeto foi escondido. Por exemplo, se ele estava ativamente envolvido (porque deixou o brinquedo cair enquanto o estava segurando) então é mais provável que ele olhe para o brinquedo do que se fosse você que o tivesse deixado cair.

Longe dos olhos, longe do coração

Entre o oitavo e o décimo segundo mês de vida, seu bebê passa a entender o conceito de permanência do objeto. Nessa fase, ele sabe que o objeto simplesmente está escondido e que não desapareceu totalmente. Entretanto, ainda há algumas limitações em seu raciocínio. Por exemplo, ele tende a procurar por um objeto perdido no mesmo lugar em que ele o encontrou na última vez, e não no lugar onde ele realmente o viu pela última vez. Ele só terá o domínio completo do conceito de permanência do objeto quando atingir os dois anos de idade.

Espelho, espelho meu...

Todo bebê adora espelhos. Eles se empolgam porque os espelhos fornecem estímulos visuais que mudam constantemente. Em um momento a imagem tem um certo padrão e formato, e no momento seguinte ela muda de tamanho e forma. O bebê ainda não sabe que está olhando para si mesmo – ele só terá essa noção meses mais tarde.

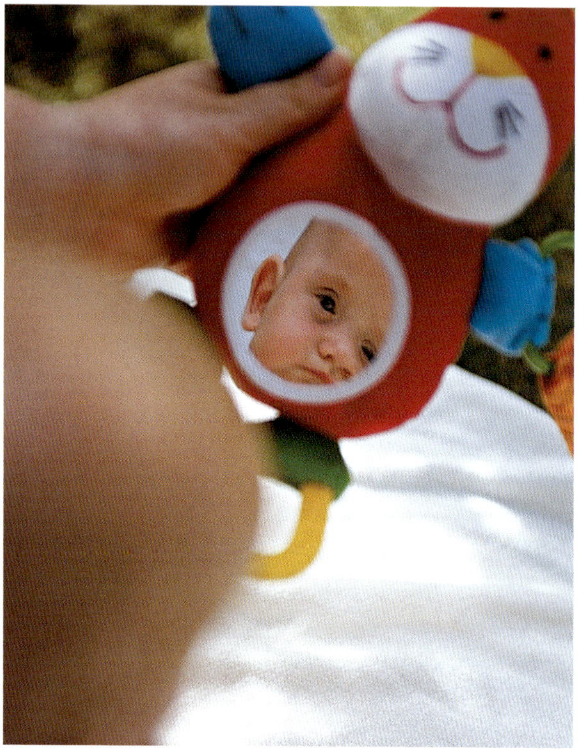

O que é aquilo?

Seu bebê fica completamente fascinado por sua própria imagem no espelho ou pela imagem de outras pessoas ou objetos. Tudo parece muito misterioso para ele, e mesmo assim ele se sente atraído pelo espelho, certamente por causa de sua curiosidade. Ele pensa que é um brinquedo fantástico por causa de todas as mudanças de imagem que ele reflete.

Quem é aquele?

Com três meses de vida, um bebê sabe a diferença entre a imagem de uma criança refletida no espelho e a imagem real. Foi realizado um estudo no qual bebês de três meses olhavam para o rosto de um outro bebê da mesma idade, e depois olhavam para suas próprias imagens refletidas em um espelho – cada imagem era apresentada aos bebês alternadamente, em uma mesma seqüência de tempo.

A primeira descoberta foi a de que um bebê dessa idade olha constantemente por mais tempo para sua própria imagem refletida no espelho do que para a imagem real do bebê que está diante dele. Isso mostra claramente que ele consegue distinguir a diferença entre os dois. Entretanto, a segunda descoberta mostrou que os batimentos cardíacos do bebê aumentam mais quando ele olha para outra criança da mesma idade do que quando olha para sua própria imagem refletida no espelho, e ele também emite sons, se mexe e se estica mais. Ele pensa: "Eu sei que essa criança é real e estou empolgado com isso".

Esse definitivamente sou eu… talvez

A compreensão de seu bebê sobre as imagens do espelho desenvolve-se significativamente entre o primeiro e o segundo ano de vida. Durante esse período, ele eventualmente começa a perceber que o que ele está vendo é seu próprio reflexo no espelho, que a imagem para a qual ele olha fixamente está diretamente relacionada a ele mesmo – esse é um grande passo em sua capacidade de raciocínio. Essa mudança drástica em sua forma de pensar ocorre por volta dos 12-15 meses em diante.

Experimente isso

Os psicólogos utilizam a seguinte técnica para testar a compreensão dos bebês em relação aos espelhos. Deixe seu filho (com idade entre 12 e 24 meses) brincar com um espelho por alguns minutos (um espelho que seja de plástico e, portanto, seguro). Incentive-o a olhar para seu próprio reflexo. Depois retire o espelho da frente dele e deixe-o de lado. Faça algum outro tipo de brincadeira com ele por mais alguns minutos, e durante a brincadeira passe um pouquinho de batom vermelho na ponta de seu nariz. (Tente passar o batom no nariz dele sem que ele perceba – você pode, por exemplo, fingir que está limpando alguma sujeira que esteja no nariz dele).

Assim que você tiver feito a marca no nariz dele com o batom, dê o espelho a ele para que possa se olhar novamente. Se ele compreender totalmente a origem das imagens do espelho, então ele irá perceber que aquele é o rosto dele e que há uma marca vermelha em seu nariz. Conseqüentemente, ele irá tocar seu nariz no local exato onde está a marca do batom. Psicólogos descobriram que menos de 50% das crianças com 18 meses de vida tentam tocar a marca. Com dois anos de idade, entretanto, quase três quartos das crianças tentam tocar a marca, e esse número aumenta praticamente para 100% aos três anos de idade.

De novo, de novo

A repetição é tranqüilizadora para seu bebê. Ele ama experimentar as mesmas coisas várias e várias vezes, seja a mesma canção, o mesmo poema, o mesmo sorriso, o mesmo brinquedo ou a mesma brincadeira. Ele parece ter um apetite insaciável por repetição.

VOCÊ SABIA?

A maioria dos adultos acha a repetição chata: por exemplo, você não assistiria o mesmo filme várias vezes nem ouviria a mesma música repetidamente. Essas repetições logo iriam deixá-lo entediado e desinteressado, desejando fazer alguma coisa diferente.

Seu bebê pensa diferente. A repetição desperta seu interesse e entusiasmo; ele pensa: "Legal, meu filme preferido de novo!". É como se quanto mais ele conhecesse uma canção, um jogo ou um quebra-cabeça, mais ele gostasse.

Isso é familiar

Seu bebê gosta muito de repetição porque ele prefere o que lhe soa familiar ao que lhe soa desconhecido. Apesar de sua curiosidade natural e de seu desejo de explorar novos lugares e objetos, ele tem uma necessidade latente de segurança e previsibilidade. E a repetição transmite esse senso de segurança. Ele sente-se bem com isso.

Para seu bebê, um jogo, um brinquedo, um desenho animado ou uma música infantil ao qual ele esteja acostumado é muito tranqüilizador, pois ele sabe o que esperar. Familiaridade, neste exemplo, reproduz uma sensação de segurança e não de abandono. Basta você observar a alegria que seu bebê sente nesses momentos para perceber que a repetição dá a ele muito prazer. Ele não fica nem um pouco envergonhado ou inibido por passar pelas mesmas experiências repetidas vezes; ele supõe que você sente o mesmo que ele.

Eu estou aprendendo

Essa estratégia do "de novo, de novo" é também a maneira natural de seu bebê aperfeiçoar sua aprendizagem. Quando você tentar aprender alguma coisa nova – por exemplo, um número de telefone – você o memoriza repetindo-o várias vezes. A experiência lhe ensinou que essa técnica melhora sua memória, e você continua repetindo o número de telefone até que tenha certeza de que consegue lembrar dele com facilidade. A repetição funciona da mesma forma com seu bebê.

Portanto, quando seu bebê brinca com o mesmo brinquedo várias vezes, ele está usando uma técnica de aprendizagem que ele sabe ser eficaz. Ele pensa: "Cada vez que eu brinco com esse brinquedo eu acho que fica mais fácil manuseá-lo". A repetição também aumenta sua confiança quando assegura seu sucesso toda vez que ele brinca com o brinquedo ou o jogo ao qual está acostumado. Não há melhor forma de aumentar a auto-estima de seu bebê.

Isso é muito difícil

A repetição, entretanto, também pode alterar a maneira de seu bebê evitar desafios e mudanças. Brincar várias vezes com o mesmo brinquedo mantém seu bebê em sua zona de conforto, fazendo-o ter a certeza de que não precisa esforçar-se mais. Há momentos em que ele preferirá não fazer esforço para progredir para um novo estágio de desenvolvimento.

Ele lida melhor com a transição de um processo de repetição para uma nova experiência se os dois eventos estiverem ligados. Suponhamos, por exemplo, que você queria que ele brincasse com um novo quebra-cabeça em vez de brincar com aquele que ele já completa rapidamente. Deixe que ele comece a brincar com o velho quebra-cabeça e deixe-o ao lado enquanto você apresenta o novo. Fique com seu filho enquanto ele explora o novo brinquedo, converse com ele com entusiasmo e deixe-o perceber que você está interessada. Seu envolvimento aumenta a motivação dele para experimentar coisas novas.

Bebê em movimento

Posso segurar?

Segurar alguma coisa é muito mais difícil do que você imagina. Primeiro, é preciso fixar e manter o olhar no objeto procurado; depois é preciso mover a mão na direção exata do objeto, mantendo constantemente a imagem visual com as mensagens de movimento que vêm de sua mão e vão para ela.

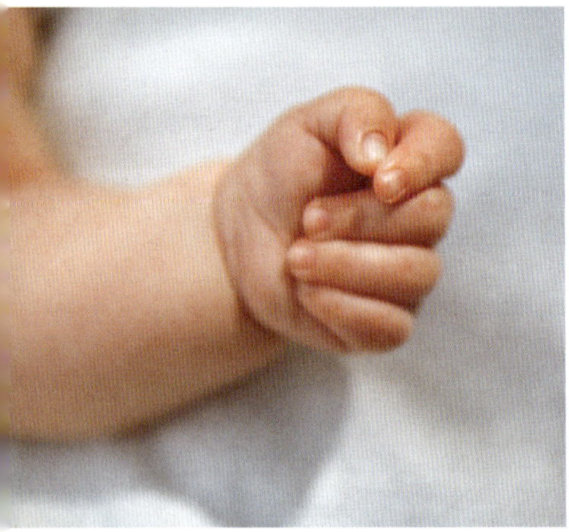

Ops! Eu o perdi!

Entretanto, surpreendentemente, mesmo que seu bebê recém-nascido consiga manipular algum tipo de alcance, sua coordenação olho-mão ainda não está totalmente desenvolvida. Psicólogos chamam isso de pré-alcance. Quando ele move sua mão – nesse estágio geralmente as duas mãos juntas – ele pensa: "Sim, estou quase lá", mas na maioria das vezes ele fecha a mão para segurar o objeto muito antes de tê-lo alcançado ou tarde demais, depois que sua mão já passou pelo objeto. Às vezes, mesmo quando alcança o objeto, ele nem mesmo abre a mão.

Para seu recém-nascido, alcançar e segurar são duas ações separadas que exigem demais de sua coordenação, mesmo que ele saiba o que quer alcançar. Ele não consegue pensar de forma clara o suficiente para integrar ambas as habilidades de forma eficaz.

Estou cada vez melhor

Aos quatro meses, as coisas começam a melhorar. A curiosidade de seu filho pelo mundo que o cerca mostra que ele não desistiu de tentar alcançar e pegar objetos – na verdade, ele está mais determinado do que nunca, estimulado pelo aumento de sua capacidade nessa área. Agora, quando ele alcança algum objeto ele pensa com mais cuidado. Ele monitora e coordena o curso de sua mão e de seus dedos conforme os move em direção ao objeto. Quando sua mão desvia a direção, ele percebe e corrige esse desvio trazendo-a de volta ao lugar certo. Entretanto, alcançar e segurar ainda são ações separadas – você irá perceber que entre a mão dele alcançar o brinquedo e seus dedos o envolverem levará cerca de um segundo. Ele ainda tende a alcançar o objeto com as duas mãos juntas.

Eu consigo fazer isso agora

A partir dos cinco ou seis meses de vida alcançar e segurar torna-se uma ação única. O aperfeiçoamento na habilidade coordenação olho-mão de seu bebê permite que ele pense: "Eu quero dar uma olhada naquilo" e, em seguida, alcançar e segurar o objeto sem precisar de muita concentração. Essa ação torna-se mais natural. Psicólogos chamam isso de "movimento balístico".

O bebê agora usa seu corpo todo para ajudá-lo a alcançar o alvo: por exemplo, curvando-se em direção ao objeto desejado ou engatinhando até chegar perto dele, dessa forma reduzindo a distância. Você pode até mesmo descobrir que ele se inclina tanto que até cai, e chora por não se conformar em ter perdido o equilíbrio, afinal ele se concentrou tanto para alcançar o objeto!

PESQUISAS MOSTRAM

Quando seu bebê recém-nascido tenta pegar um objeto, ele o faz de forma muito bem pensada e não simplesmente como um movimento aleatório. Em um estudo, a cada bebê foi dado um par de óculos especial de prisma. Esses prismas enganavam o bebê fazendo-o pensar que havia um objeto diante dele, quanto na verdade não havia nada. O bebê via uma ilusão. Os pesquisadores notaram que depois de um tempo, todos os bebês estenderam o braço para apanhar o objeto, mas depois romperam em lágrimas quando descobriram que o objeto era fictício. Essa reação mostrou que o bebê decididamente esticou o braço para apanhar o objeto. Se tivesse sido um movimento acidental, ele não teria dado a menor importância por não ter conseguido pegar o objeto e, portanto, não teria chorado.

Eu consigo segurar

A ação de pegar com as mãos desenvolve-se em estágios definidos. Primeiro, com cerca de quatro meses, ele usa o reflexo ulnar (a palma da mão e o quarto ou quinto dedo); depois, com cerca de cinco ou seis meses, o reflexo de preensão palmar (o dedo médio e o centro da palma da mão); e depois, com cerca de sete ou oito meses, o reflexo radial (o dedo indicador e o lado da palma da mão).

Estou no controle

Quando a capacidade de preensão de seu bebê está mais desenvolvida ele consegue pegar um brinquedo e, para poder inspecioná-lo, passa-o de uma mão para outra, de modo deliberado, enquanto o observa atentamente. O brinquedo geralmente fica no centro da palma da mão, com os dedos bem apertados em volta dele, permitindo-o movimentá-lo na direção que desejar, para satisfazer sua curiosidade. Esse é um grande passo em seu desenvolvimento porque dá a ele o controle sobre o brinquedo. Ele não depende mais de você para segurar os brinquedos para dele – agora ele pode fazer isso sozinho sempre que quiser.

Eu preciso usar meu polegar e meu indicador

Seu filho logo descobre, entretanto, que há mais para explorar e descobrir do que simplesmente pegar um objeto – porque se o objeto é muito pequeno, uma vez que ele o envolve com sua mão ao pegá-lo, ele não consegue mais vê-lo.

A pega em pinça, ou seja, o uso coordenado do polegar e do indicador como um pinça, possibilita novas oportunidades para seu bebê e surge aproximadamente a partir dos nove meses de vida (embora algumas crianças adquiram essa habilidade um pouco mais cedo). Agora ele consegue pegar um pedaço pequeno de comida do prato sem muita dificuldade. É por isso também que você precisa se certificar de que não há pequenos objetos ao seu alcance: seu bebê pode tentar pegá-los, colocá-los na boca e engoli-los.

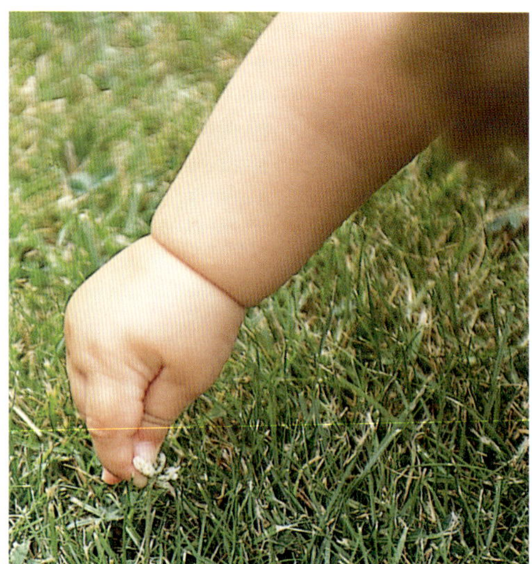

Eu consigo fazer duas coisas ao mesmo tempo

De agora em diante, o aperfeiçoamento da capacidade de preensão de seu filho torna a vida muito mais fácil para ele. Por exemplo, ele adquire "assimetria funcional": ou seja, ele consegue segurar um objeto com uma mão enquanto usa a outra para uma outra finalidade ao mesmo tempo. Ele pensa: "Eu vou ficar segurando a bola com esta mão enquanto empilho esses blocos com minha outra mão" (principalmente se houver por perto uma outra criança que possa pegar a bola se ele a colocar no chão por alguns segundos).

Além disso, ele escolhe o que segurar e o que soltar. Por exemplo, quando ele está com cerca de 1 ano de idade, deixe-o observar você batendo dois blocos de montar. Depois dê a ele um bloco em cada mão e peça que ele faça o mesmo. Ele pensa, relembra suas ações e depois as copia. O enorme sorriso em seu rosto lhe provará que ele intencionalmente escolheu usar sua capacidade de preensão para fazer o mesmo que você.

Experimente isso

Pensar e planejar a ação de preensão têm um papel ainda mais importante na vida de seu filho quando ele atinge entre 18 e 24 meses de vida. Ele percebe que pode usar sua capacidade de preensão de diversas formas criativas para resolver problemas. Por exemplo, coloque seu filho sentado no cadeirão, coloque um brinquedo pequeno longe de seu alcance e deixe uma varinha ao lado dele. Depois de alguns momentos de reflexão, ele pensa: "Eu posso usar a varinha para pegar o brinquedo" – ele segura firme a varinha com uma mão e a usa para trazer o pequeno brinquedo para perto de si. A maioria das crianças nessa fase consegue resolver esse problema muito rapidamente.

Eu quero sentar

Desde o momento em que você segura seu recém-nascido em posição vertical ele quer se sentar. Ele aprende rapidamente que o mundo parece muito mais interessante quando ele está de pé, do que quando está deitado. E pelos próximos seis meses ele vai esforçar-se para conseguir sentar-se e permanecer nesta posição.

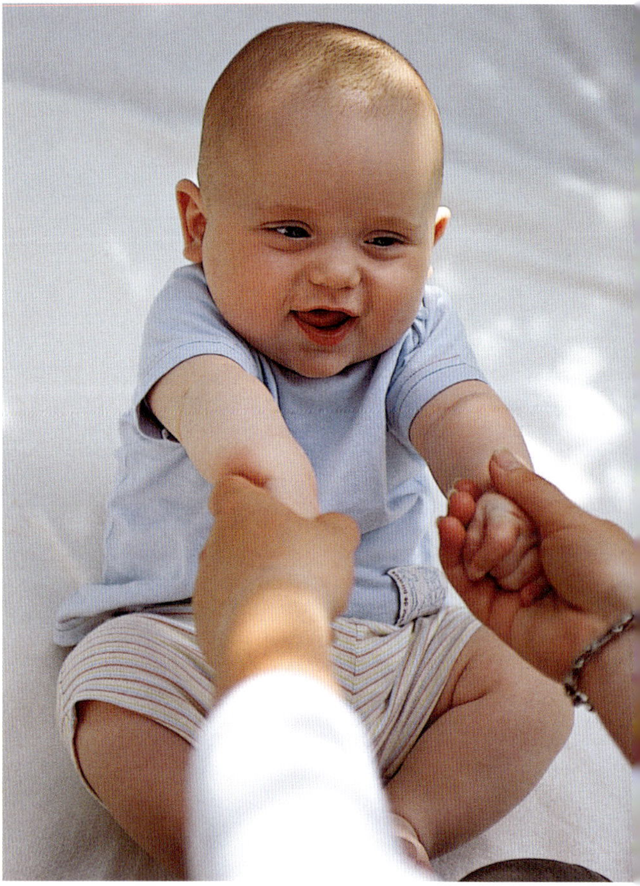

VOCÊ SABIA?

- A concentração de seu bebê tende a melhorar porque ele passa mais tempo brincando quando está sentado do que fazia quando só conseguia ficar deitado.
- O controle das mãos também melhora quando ele começa a se sentar porque ele passa mais tempo pegando e soltando brinquedos, e colocando-os corretamente ao redor dele.
- Outras habilidades físicas também se desenvolvem, porque ele começa a inclinar-se para os lados, não somente para a frente, e começa até mesmo a girar seu corpo sem cair.
- Você deve desencorajar a posição em que o bebê fica sentado com os joelhos dobrados e as pernas ao lado do corpo para trás – essa posição impede o desenvolvimento de suas habilidades de equilíbrio e dos músculos das pernas

Isso é difícil!

O esforço é muito grande. Antes dos cinco ou seis meses, seu bebê simplesmente não possui a capacidade neurológica, física ou muscular para alcançar seu objetivo. Nos primeiros meses de vida, ele tem pouca força nas costas e cai para frente se você colocá-lo sentado – mas ele não pode fazer nada, embora pense: "Eu quero sentar".

Com três ou quatro meses, os músculos costas estão mais desenvolvidos e você pode com cuidado colocá-lo sentado, segurando suas mãos com os braços esticados. Entretanto, as chances são as de que, estando nessa posição, ele ainda caia para frente.

Ajude-me

Ficar sentado começa a ser possível por volta do quinto ou sexto mês. É quando seu bebê consegue se sustentar com as costas eretas, pelo menos por alguns segundos, antes de cair. Não se preocupe se ele chorar quando tombar – sua dignidade é abalada, nada mais. Você vai descobrir que suas lágrimas cessam assim que ele volta a se sentar. Agora que seus músculos estão fortes o suficiente, ele precisa apenas praticar para aperfeiçoar sua habilidade. Seu equilíbrio irá melhorar gradualmente.

Nesse meio tempo, seu bebê vai se sentar com uma das mãos apoiadas no chão para se firmar. Ele gosta de sua ajuda nesse momento para que ele consiga permanecer sentado. Almofadas espalhadas em volta do bebê poderão amenizar a queda e também servem de apoio se colocadas próximas ao seu corpo. Uma almofada colocada bem na base da espinha pode dar a ele o controle que tanto procura para se manter sentado .

Agora eu consigo sentar

A partir do sexto ou sétimo mês, a habilidade de seu bebê sentar-se sozinho melhora, para alegria dele – ele adora ver o mundo desse ângulo. Todos os músculos necessários para manter-se sentado se desenvolvem, bem como seu senso de equilíbrio. Ele quer ficar sentado o máximo de tempo que puder, portanto você deve se certificar de que ele não exagere. Nessa fase, ele prefere brincar com brinquedos que sejam estáveis e estáticos – aqueles que têm rodas, que podem "fugir", deixam-no frustrado. Mantenha os brinquedos próximos a ele para que não precise esforçar-se para pegá-los.

Por que não consigo sair do lugar?

A curiosidade intuitiva de seu bebê o leva a se mover para novos lugares, a explorar mares desconhecidos, a descobrir tesouros escondidos. E ele sabe que não pode fazer isso se ficar imóvel. Depois de poucas semanas após o nascimento, você irá perceber suas primeiras tentativas para mover-se. Seu bebê sabe que há coisas mais interessantes em outras partes do quarto, e emprega toda sua energia para chegar até lá – mas ele simplesmente não consegue sair do lugar.

Parece que ainda não consigo me mover

Com três semanas de vida, por exemplo, quando está deitado de bruços, seu bebê provavelmente consegue levantar a cabeça e nada mais. Ele pode fazer um esforço enorme para impulsionar seu corpo, mas permanece preso no mesmo lugar. Ele provavelmente pensa: "Por que o mundo não está mais perto de mim?".

Há boas razões pelas quais sua curiosidade ultrapassa suas habilidades de movimento nesses primeiros meses. Apesar de ter músculos ainda não desenvolvidos e pouco equilíbrio e coordenação, o bebê recém-nascido tem bastante massa corpórea em relação ao seu comprimento total – por exemplo, um bebê que nasceu com 3,6 kg tem, em média, somente 50 cm de comprimento. Relativamente falando, ele tem mais gordura e menos músculos do que terá quando ficar mais velho, sua cabeça é maior em proporção ao resto do corpo, e seus braços e pernas são mais curtos para o tamanho do seu corpo.

PESQUISAS MOSTRAM

O engatinhar desenvolve-se em estágios – não se trata de não engatinhar em um dia e no outro começar a engatinhar de repente. Na verdade, há mais de 14 diferentes progressos pelos quais uma criança passa antes de começar efetivamente a engatinhar. Cada estágio sucessivo o motiva a dar um passo adiante.

Isso é trabalho duro!

Pouco tempo depois de seu bebê conseguir sentar sozinho, ele também começa a engatinhar, geralmente por volta dos sete meses. Com o engatinhar, ambas as partes do corpo têm de trabalhar ao mesmo tempo. Ele tem de saber controlar o peso sobre suas mãos, depois mexer seus braços para frente, e depois arrastar seus joelhos sob seu abdome. E uma vez que ele faz isso, ele tem que fazer tudo de novo. Nos primeiros estágios, às vezes ele se atrapalha quando em vez de ir para frente ele vai para trás, e pode ficar frustrado nesses momentos.

Eu vou fazer do meu jeito

Seu bebê engatinha com o estilo, da maneira e na velocidade que lhe convém. Ele não segue um manual: ele faz isso do modo como lhe vem naturalmente. Por exemplo, alguns bebês empurram seu corpo com os braços, enquanto as pernas se arrastam passivamente; outros engatinham mantendo as pernas rígidas, sem flexioná-las sobre os joelhos. Eles pensam: "Isso está dando certo, portanto não há problemas". Arrastar o bumbum é muito comum – a criança senta-se e balança o bumbum para conseguir se mover sentada.

Nem todos os bebês engatinham. Alguns vão direto do estágio de sentar para o estágio de andar. Um estudo descobriu que bebês nascidos nas estações mais quentes do ano tendem a engatinhar mais tarde do que aqueles nascidos durante as estações frias, provavelmente porque no momento em que começam a engatinhar eles estão vestindo roupas de inverno, mais pesadas e apertadas.

Meu primeiro passo

O reflexo do passo está presente no nascimento. Se você segurar seu bebê recém-nascido embaixo dos braços e deixá-lo pendurado, ele instintivamente mexe as pernas e os pés como se estivesse dando um passo para frente, principalmente se seu pé estiver tocando o chão. Isso é simplesmente um reflexo, que desaparece completamente quando ele atinge os dois meses de vida.

Estou em pé

Enquanto desenvolve sua independência para sentar-se sozinho e para engatinhar, seus membros estão ficando cada vez mais fortes. Aos seis meses ele consegue ficar em pé apoiando-se em algo. Esse progresso em suas habilidades de movimento aumenta muito sua confiança. De uma hora para outra ele pensa que pode fazer o que você faz, o que os irmãos fazem, e se sente bem com isso. "Estou em pé", ele diz para si mesmo.

É claro que ele não consegue sair daquela posição, caso contrário cairá, e o mesmo acontecerá se ele deixar de se apoiar em você ou em algo. Mas mesmo assim saiba que ele já atingiu a primeira etapa do andar – sustentar o próprio peso. Daqui por diante, é só uma questão de tempo até que ele consiga andar sozinho.

PESQUISAS MOSTRAM

A demora no ato de andar está freqüentemente relacionada a problemas de visão, o que indica que as crianças utilizam pistas visuais, como o espaço entre a mobília e a distância entre a criança e os obstáculos, que lhe permitem mover-se com cuidado e segurança. Uma criança que não tenha acesso visual a essas informações pode sentir-se vulnerável e é menos provável que dê seu primeiro passo.

Vou começar o "cruzeiro"

É difícil prever como o desenvolvimento de sustentação do corpo irá acontecer e em qual idade. A criança geralmente vai do estágio de sustentação para o "cruzeiro": ela se empurra da posição sentada para a posição em pé (talvez de encontro a uma poltrona) e depois anda de lado pela sala, apoiando-se com as mãos no móvel mais próximo, embora ela possa perder o equilíbrio.

Ela olha a sua volta, planeja de antemão e avalia o espaço entre duas estruturas de apoio próximas. Algumas vezes ela avalia mal e cai sentada, pois o próximo apoio está longe de seu alcance. Destemida, ela se levanta novamente e tenta mais uma vez. O grande sorriso em seu rosto mostra que ela está muito feliz consigo mesma. O mundo está se abrindo para ela.

Eu consigo andar!

O primeiro passo independente de seu bebê, sem nenhum auxílio, ocorrerá por volta dos 12-15 meses, apesar de muitas crianças só começarem a andar depois dos 18 meses de vida, embora seu desenvolvimento seja perfeitamente normal. É a combinação de maturidade física, confiança, determinação e oportunidade que fazem a criança sentir-se pronta para tentar andar sozinha. Atitude também tem um papel importante – uma criança que tem uma abordagem despreocupada da vida talvez tenha menos pressa de aprender a andar.

No início, seu filho anda com pouca estabilidade e se desequilibra com facilidade. É por isso que nessa fase as crianças andam cambaleantes – suas pernas ficam separadas para manter o equilíbrio.

Subir, subir

Dentre todos os movimentos que fascinam seu filho, subir é o que o deixa mais empolgado. Isso, em parte, se deve ao fato de que se mover em outras direções é mais fácil para ele: por exemplo, ele consegue mover-se para vários lados, para frente e para trás quando engatinha ou arrasta o bumbum. Subir escadas, por outro lado, é um grande desafio, e nesse estágio de seu desenvolvimento ele vai ao encontro do maior obstáculo que puder.

Eu quero ir aonde você for

Há mais uma razão pela qual o andar de cima é tão interessante para seu filho – é a parte da casa para onde os irmãos mais velhos e os pais vão com facilidade. Ele quer ser como eles e conseguir fazer o que eles fazem. E a possibilidade de subir as escadas aguça sua curiosidade, pois ele quase não consegue ver o que há lá em cima até que chegue lá, portanto pode haver uma surpresa muito interessante esperando por ele.

É aconselhável colocar uma grade de segurança no início e no final das escadas quando se tem em casa uma criança que está em fase de engatinhar ou que já anda sozinha.

Estou preso!

Uma das vantagens de subir degraus engatinhando é a de que seu bebê olha somente para frente. Ele não olha para trás conforme se move de um degrau para o outro porque nunca passa pela cabeça dele fazer o caminho de volta. Há tantas oportunidades interessantes lá em cima que ele nem pensa nisso, pelo menos não até ficar preso.

A menos que seu filho seja autoconfiante demais, é bem provável que ele chegará a um certo ponto da escada – provavelmente na metade, porque é aí que ele começa a ficar cansado e de repente percebe que ainda há um longo caminho pela frente – em que pensará consigo mesmo: "Agora eu quero voltar". Mas para descer os degraus ele precisa manobrar seu corpo na direção contrária, o que o deixa incomodado. Ele precisa de você para socorrê-lo.

Eu preciso de ajuda

Uma vez que seu filho está começando a aprender a andar, subir escadas é uma habilidade que ele precisa reaprender. Quando ele subia as escadas engatinhando, seu corpo estava preso ao chão; ele podia sentir a segurança do degrau sólido sob seu abdome. Agora que ele sabe andar, ele não tem essa mesma segurança. A confiança de seu filho aumenta com tentativas e acertos, embora nesse meio tempo ele fique muito instável e inseguro – mas determinado ao mesmo tempo.

Aos 15-18 meses ele sobe as escadas colocando um pé no próximo degrau e trazendo o outro ao lado deste, enquanto se apóia na parede, no corrimão ou na sua mão. Ele precisa se concentrar muito durante essa atividade.

Tudo o que sobe, desce

O outro lado da história é que seu filho precisa descer. Isso exige mais dele, pois a força da gravidade e o peso do seu corpo o fazem se sentir como se estivesse sendo empurrado para baixo contra sua vontade. Ele pensa: "Agora parece muito alto". Ele pode até tentar subir e depois descer engatinhando para trás, ou, ainda, pode descer sentado.

Seu filho precisa de tempo para adquirir confiança. Supervisione-o sempre que ele estiver em escadas, pois isso o ajudará tanto na prática como emocionalmente. Aos 18-20 meses ele já terá desenvolvido essa habilidade e subirá e descerá as escadas em pé.

Eu também sei fazer isso

A imitação é uma parte importante das habilidades de aprendizado de seu filho. Por meio da imitação, ele vê o que você faz, memoriza e depois repete a cena à sua própria maneira. E a imitação começa cedo – desde o nascimento.

Eu quero fazer o que você está fazendo

Em um estudo, um adulto imitou os movimentos faciais que um bebê recém-nascido já pode fazer (por exemplo, o adulto abria a boca, colocava a língua para fora e projetava os lábios para frente). Cada bebê assistiu ao adulto fazer esses gestos faciais. Os pesquisadores descobriram que um bebê recém-nascido abria a boca com mais freqüência quando via o modelo adulto abrindo a sua, colocava a língua para fora quando via o adulto colocar a sua, e assim por diante. Isso prova que mesmo nessa idade seu bebê pensa: "Eu quero fazer o que ele está fazendo".

Estamos conversando

Essa capacidade primária de imitar as ações dos pais fornece uma importante evidência de que seu bebê aprende por meio da interação social. Psicólogos estão convencidos de que essas imitações não ocorrem por acaso, mas que são utilizadas intencionalmente pelo bebê para chamar a atenção dos pais. Supõe-se que a imitação seja uma das primeiras formas de comunicação social entre você e seu bebê. Afinal, ele ainda não pode falar com você usando palavras, e também não pode se mover como você – mas ele pode abrir e fechar a boca como você, e faz isso em resposta ao seu gesto. Ele pensa nisso, usando a imitação dos movimentos como um modo específico de se comunicar com você.

PESQUISAS MOSTRAM

Psicólogos ao estudarem "imitação diferida" – ou seja, quando uma criança imita parte de um comportamento que ela observou alguns dias atrás – descobriram que essa complexa habilidade de memória surge em bebês de nove meses. Em um experimento, crianças dessa idade observaram três brinquedos que elas nunca tinham visto antes. O primeiro grupo de bebês só olhou para os brinquedos, sem tocá-los; o segundo grupo observou um adulto tocando os brinquedos, mas não tocaram neles; e o último grupo observou o adulto manusear os brinquedos de forma correta, mas novamente não tocaram neles.

No dia seguinte, foi permitido aos bebês brincarem com os brinquedos. Os pesquisadores descobriram que os bebês do último grupo (aqueles que observaram o adulto brincando com os brinquedos) conseguiam manusear corretamente os brinquedos mais do que os bebês dos outros grupos. Em outras palavras, aos nove meses eles são capazes de observar uma ação, recordá-la um ou dois dias mais tarde e imitá-la.

Estou aprendendo a imitá-lo

Durante a fase em que está aprendendo a andar, seu filho continua a aprender por meio da imitação. A ênfase da imitação, entretanto, muda nessa fase. Estudos têm mostrado que enquanto um bebê usa a imitação para fins de comunicação social ou para chamar a atenção de um adulto, uma criança nessa fase usa a imitação principalmente para aperfeiçoar suas habilidades de independência e de auto-ajuda. A imitação tem uma função prática.

É por isso que você descobre que seu filho entre 18 meses e 2 anos de idade está sempre fazendo de conta que está limpando (depois de observar você fazendo limpeza) ou que está cozinhando (depois de observá-la cozinhando) ou que está escovando os dentes (depois de vê-la escovando os seus). Sua necessidade de fazer as coisas sozinho, sem ajuda, é muito grande agora, e ele a imita intencionalmente para aprender como fazer mais por si mesmo. Ele se alegra com suas conquistas.

Não estou com medo

Uma criança que está aprendendo a andar não conhece o medo. Ela mal começou a andar e já tenta ir a todos os lugares o mais rápido que puder sem pensar em nenhuma possibilidade de perigo. Com um ano de idade, seu filho choca-se em portas, paredes, cantos de mesas, escadas, e a dor temporária parece não ter efeito dissuasivo.

Perigo? Que perigo?

Você acabou de dizer a ele para tomar cuidado porque ele tropeçou enquanto corria rapidamente pela sala, e em seguida ele faz exatamente a mesma coisa com o mesmo resultado. Ele está motivado pela curiosidade, pelo desejo de explorar o inexplorável, de descobrir o que não foi descoberto – e esse instinto curioso o impede de ver os perigos potenciais que estão a sua frente. Você precisa fazer o melhor para criar um ambiente seguro para a criança.

Sem nenhum senso real do perigo, seu filho mergulha de cabeça de uma situação potencialmente perigosa para outra mesmo quando ele não está andando. Há os dedinhos curiosos que ele não consegue controlar. Quando não está colocando o dedo em uma tomada, ele está pegando coisas do chão (pequenas pedras, terra ou areia, se estiver brincando no jardim) e levando-as direto à boca. Ele ficou aborrecido quando tocou em um objeto muito quente, chorou quando não gostou do sabor de algo que pegou do chão e colocou na boca e se machucou quando bateu em uma cadeira enquanto corria em volta da sala – e ainda assim nenhum desses incidentes desagradáveis fez com que parasse.

A verdade é que seu filho não tem senso de perigo: ele vive o momento e não pára para pensar que acidentes e ferimentos podem acontecer com ele.

Como as crianças entendem o risco?

- Crianças com menos de três anos não têm capacidade para prever perigos, o que significa que elas precisam de supervisão extra quando estão explorando.
- A capacidade de julgamento de seu filho é afetada por suas emoções; mesmo se ele for sensível e cuidadoso pode tornar-se totalmente insensato quando estiver aborrecido ou distraído.
- A empolgação afeta a percepção. A emoção em ver o amigo do outro lado da rua faz o perigo desaparecer – ele pode tentar atravessar para o outro lado em meio ao tráfego intenso.

É coisa de menino

Pesquisas descobriram diferenças reveladoras entre meninos e meninas na maneira como eles percebem o perigo. Se seu filho é um menino, as chances são de ele culpar automaticamente alguém se ele se machucar acidentalmente (e, portanto, é menos provável que mude seu comportamento), enquanto se você tiver uma filha é mais provável que ela culpe a si mesma (e, portanto, é mais provável que mude seu comportamento). Os meninos geralmente são mais insensatos que as meninas e demoram mais para adquirir senso de perigo.

Essa atitude talvez seja inadvertidamente causada pelos pais. Estudos têm mostrado que os pais são mais tolerantes com o comportamento audacioso dos filhos do que das filhas. Cedo, as crianças começam a pensar igual. Infelizmente, quando seu filho se machuca, há grandes chances de que ele esqueça o episódio rapidamente; o incidente logo some de sua mente, motivando-o a repetir a experiência perigosa, a despeito dos aborrecimentos anteriores.

Ser social

3
5
6
7
9

Preste atenção em mim!

Seu filho quer – e precisa – de sua atenção desde o momento em que nasce. É uma questão de sobrevivência. Sem a atenção de um adulto, ele não seria capaz de alimentar-se, limpar-se ou estimular-se sozinho, por isso, instintivamente ele chora, pedindo que você preste atenção nele.

Eu quero me sentir amado

A necessidade de atenção de seu bebê vai além da satisfação de suas necessidades físicas. Ele também deseja atenção para satisfazer suas necessidades psicológicas e afetivas, como ser amado, sentir-se emocionalmente seguro e valorizado. Essas necessidades básicas guiam os pensamentos e os sentimentos de seu bebê desde o início: ele pede sua atenção porque percebe que esse é o único jeito de sentir-se confortável e satisfeito.

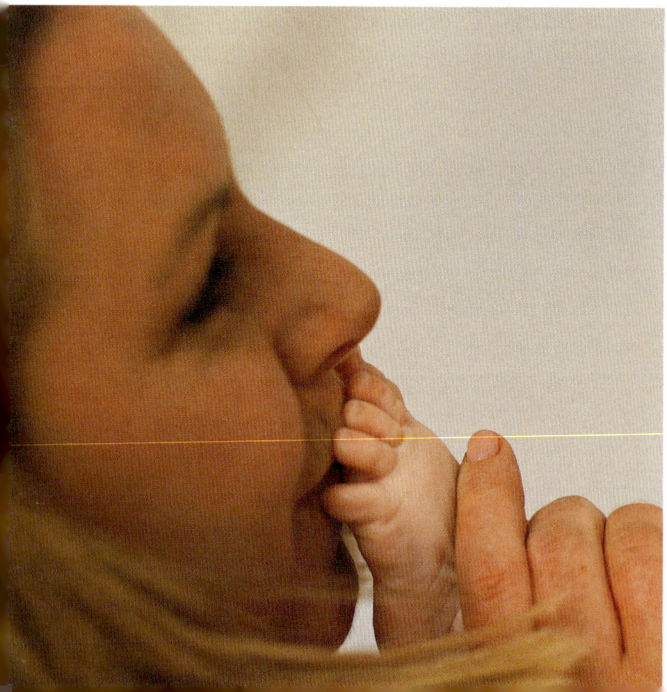

Nós precisamos ter um vínculo

O vínculo – ou seja, a íntima ligação emocional mútua que se forma entre o bebê e os pais durante os primeiros anos (ver páginas 10-11) – é a base para o desenvolvimento psicológico de seu filho. Uma ligação emocional satisfatória entre você e seu bebê prepara a base para seus relacionamentos futuros.

A única maneira de seu filho formar esse vínculo psicológico é ficando com você, sendo acalentado por você quando ele estiver aflito, sendo segurado carinhosamente por você, sendo estimulado por você etc. Em outras palavras, sua atenção é absolutamente necessária para a formação de um elo emocional, e ele sabe disso.

Uma criança que até os três ou quatro anos de idade não conseguiu formar um vínculo emocional seguro com pelo menos um adulto pode ter dificuldades de se relacionar no futuro.

Atenção negativa

Uma das características de muitas crianças que deixam os pais furiosos, entretanto, é o fato de que, embora elas gostem da atenção dos pais e vibrem com ela, elas também pensam: "Qualquer forma de atenção é melhor do que nada".

Você pode descobrir que seu filho de um ano de idade está intencionalmente se comportando mal, não importa o quanto você o reprima, e que você não tem mais tempo para seus próprios afazeres porque está ocupada demais discutindo com ele. Para você, a atenção negativa (por exemplo, quando uma pessoa está com raiva de você) é terrível, mas para seu filho, é melhor do que ser ignorado – e quanto mais você repreendê-lo melhor.

É por esse motivo que, às vezes, ignorar o mau comportamento de uma criança de um ano de idade pode ser melhor do que reprimi-la: essa estratégia faz com que ela perceba que não obterá atenção negativa por meio de mau comportamento, que somente obterá atenção positiva por meio de bom comportamento.

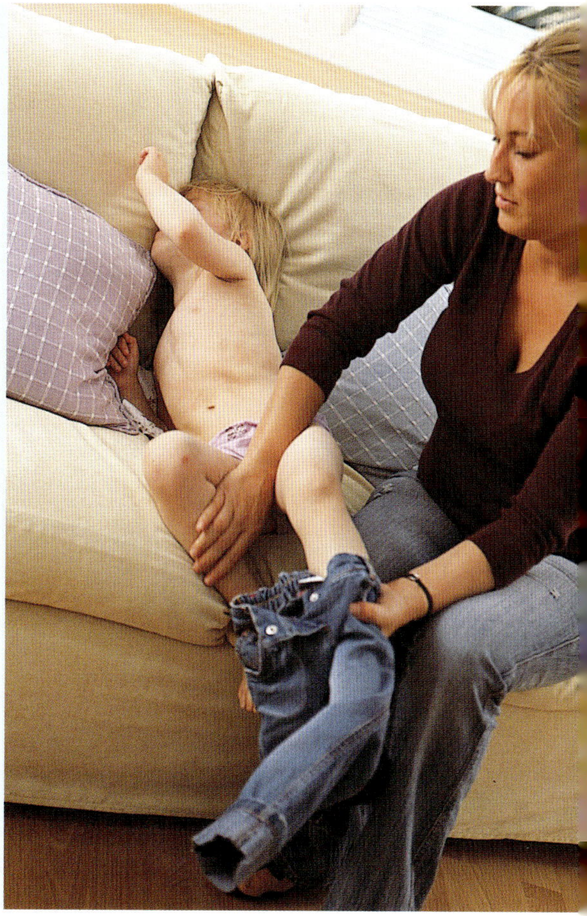

Eu me sinto bem

Conforme seu bebê vai crescendo, ele continua gostando de receber sua atenção, mas não somente porque ela satisfaz suas necessidades básicas emocionais e físicas. Agora ele pensa em um nível mais sofisticado. Ele sabe, por exemplo, que se sente bem consigo mesmo quando você aprova seu bom comportamento, e fica feliz quando você elogia um de seus desenhos.

Na verdade, o desejo de seu filho por sua aprovação é tão forte que se você der atenção positiva a ele por algo que ele tenha feito (por exemplo, você lhe dá um abraço porque ele terminou toda a refeição sem reclamar) há chances de que ele repita essa ação nas próximas vezes. Ele pensa: "Você fez uma grande festa para mim da última vez, por isso vou fazer a mesma coisa dessa vez também".

Quem é você?

Por volta dos três ou quatro meses de vida, seu bebê fica fascinado por outros bebês e crianças. Se você colocar seu bebê de quatro meses sentado no chão, olhando para outro bebê da mesma idade que também esteja sentado na mesma posição, eles ficarão olhando fixamente um para o outro. Sem nenhuma inibição social, seu filho não consegue tirar os olhos do outro bebê. Ele pensa: "Que interessante!".

PESQUISAS MOSTRAM

Em um estudo, psicólogos observaram bebês de três meses de vida e descobriram que eles não só olham fixamente para um outro bebê da mesma idade, como também se inclinam para frente como se estivessem se esforçando para olhar mais de perto. Outro estudo descobriu que essa curiosidade por outros bebês é maior ainda quando o pai ou a mãe está presente – talvez a presença deles aumente sua confiança e ele se sinta mais à vontade para se socializar.

Eu quero ficar sozinho

Talvez você imagine que essa curiosidade social de seu bebê se intensifique conforme ele vai ficando mais velho, mas não é bem o que acontece. De fato, ele continua fascinado por outras crianças e parece gostar de brincar na companhia de um amigo. Entretanto, ele torna-se, temporariamente, mais distante. É como se ele pensasse: "Eu gosto dele, mas estou preocupado com o que ele vai fazer". Essa fase é conhecida como a fase das "brincadeiras solitárias".

Durante seu primeiro ano de vida, ele brinca sozinho a maior parte do tempo, não importa quantas crianças da mesma idade estejam perto dele. E se uma criança se aproximar – mesmo que seja uma criança amigável – seu filho ficará olhando fixamente e depois, provavelmente, começará a chorar, agarrando-se a você para recuperar a sensação de segurança.

Estou com você

Uma outra mudança na fascinação por outras crianças ocorre por volta dos 15-18 meses de vida. Nessa fase, seu filho começa a praticar o que chamamos de "brincadeiras paralelas". Nesse estágio de desenvolvimento, o interesse por outras crianças aumenta, embora ele ainda não esteja pronto para brincar com elas. Você irá descobrir que ele se posiciona ao lado de outra criança quando surge uma oportunidade. Embora você espere que elas interajam, isso não vai acontecer por enquanto; elas apenas sentam-se próximas umas das outras. É possível até que uma tente imitar as ações da outra: por exemplo, se uma das crianças tenta empilhar alguns blocos a outra talvez tente também.

Mas isso é o máximo que elas fazem. Se uma das crianças for muito autoconfiante e quebrar as regras sociais fazendo uma aproximação física muito íntima, seu filho começará a se afastar. Talvez, em um primeiro momento, ele tente somente girar o corpo, mas depois fugirá passando por cima de você.

Vamos ficar juntos

A fascinação que as outras crianças exercem sobre seu filho o guiará até a fase final das brincadeiras, conhecida como a fase das "brincadeiras sociais". Ela ocorre por volta dos 21 meses de vida, e faz com que seu filho passe do estágio da observação passiva a um envolvimento mais ativo. Agora ele quer interagir com outras crianças da mesma idade que ele por meio das brincadeiras.

O único problema é que seu entusiasmo pelas brincadeiras sociais ultrapassa suas habilidades sociais e, portanto, pequenas brigas ocorrem com freqüência. Seu filho aprende aos poucos que seus amigos também têm pensamentos e sentimentos, que eles não são exatamente como ele, e que, às vezes, têm vontades diferentes das suas. Por meio das brincadeiras sociais, seu filho transforma sua curiosidade social em realidade social, o que o ajuda a aprender lidar com outras crianças.

Vamos brincar

A única maneira de seu bebê aprender habilidades sociais – ou seja, as diversas estratégias necessárias para interagir de forma feliz com outras crianças – é por meio da experiência social. Ele não vai aprender a compartilhar, a trocar experiências ou a ser gentil com as outras crianças a menos que tenha inúmeras oportunidades de interagir com elas.

Não é tão fácil assim

Antes de começar a interagir com outras crianças, seu filho costumava ser o número um, o centro das atenções. Ele estava acostumado a ter tudo do seu jeito, sem levar em conta mais ninguém. Mas tudo muda quando ele passa a brincar com outras crianças. Talvez pela primeira vez ele perceba que seus amigos também têm sentimentos e idéias.

Dessa forma, ele aprende uma imensa gama de habilidades sociais sem nenhum treino formal: por meio de tentativas e erros, por meio do comportamento social de outras crianças e de suas reações diante de seu próprio comportamento social. Aos poucos, ele vai controlando e aprimorando suas habilidades sociais. Não há forma melhor de aprender a brincar do que essa.

Estou tentando me controlar

Ao se relacionar com outras crianças, seu filho também aprende a controlar as emoções. Durante os primeiros anos, ele experimenta uma série de sentimentos muito intensos, incluindo felicidade, tristeza, ansiedade, frustração, insatisfação e raiva. Com seu apoio e incentivo, ele aprende algumas estratégias que o ajudam a controlar suas emoções, mas ele também aprende isso brincando com os colegas.

Por exemplo, aos poucos ele percebe que quando ele tem um acesso de fúria, a outra criança com quem ele está brincando continua a brincar normalmente. Em vez de ser atingido pela raiva ou frustração, o amigo continua brincando sem se afetar por sua expressão emocional. Essa falta de reação das outras crianças o ajuda a obter o controle de seus sentimentos. Ele aprende que seu amigo fica mais feliz de estar com ele quando ele está calmo e se comportando de maneira positiva em relação ao colega.

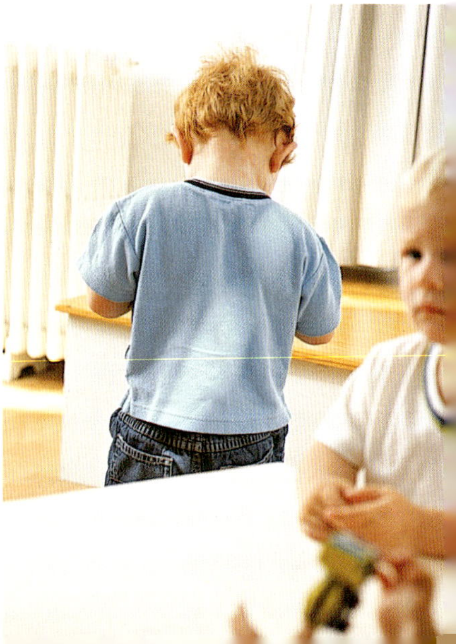

VOCÊ SABIA?

Psicólogos usam o termo "andaime" para descrever a experiência de aprendizado na qual uma criança mais capaz ajuda outra criança a aprender. Esse nome se deve ao fato de que, uma vez que o aprendizado ocorre, o aprendiz é capaz de continuar por conta própria e o "andaime" de apoio não é mais necessário.

O conceito do andaime ocorre naturalmente em várias situações de brincadeiras, porque duas crianças que brincam juntas raramente têm o mesmo nível de raciocínio e compreensão, e o aprendiz mais maduro instintivamente incentiva o outro a melhorar sua compreensão. É uma forma de aprendizagem entre amigos que acontece espontaneamente quando duas crianças estão brincando juntas com um brinquedo ou um jogo. Observações feitas com crianças confirmam que o "conceito do andaime" é um fenômeno comum.

Então é assim que você faz

Há também o aprendizado que ocorre quando uma criança observa outras crianças brincando com brinquedos. Por exemplo, seu filho poderia ter dificuldade em lidar com o classificador de formas, sem saber ao certo como encaixar aquela estranha peça no espaço correspondente. Não importa o quanto ele tente, não consegue alcançar o objetivo. Depois, a criança que está próxima ao seu filho pega a peça que ele desprezou e instantaneamente a coloca no espaço apropriado. "Então é assim que se faz", seu filho pensa.

A aprendizagem por observação ajuda a criança a desenvolver suas habilidades de raciocínio, de compreensão e de resolver problemas. Ter a oportunidade de observar outras crianças da mesma idade a brincar com brinquedos desenvolve seu processo de raciocínio e abre sua mente para novas possibilidades.

Isso é meu

A maioria das crianças odeia compartilhar. Conforme você já deve ter observado, seu filho segura desesperadamente seus brinquedos, jogos e doces para não ter de dividi-los com mais ninguém. E ele rompe em lágrimas se qualquer outra criança tenta tocar neles.

Tire as mãos daqui!

Essa relutância em compartilhar as coisas é normal. Em vez de pensar: "Quero deixar meu colega brincar com meu brinquedo porque isso o deixará feliz", seu filho pensa: "Tire a mão, isso é meu" – seu instinto natural é proteger suas coisas a todo custo.

O ato de compartilhar é uma habilidade social muito importante, e também necessária para que duas crianças possam brincar juntas, porém ela desenvolve-se gradualmente. Até que seu filho tenha aprendido a dividir suas coisas, ele sente-se ameaçado e fica choroso sempre que alguém pega seus "tesouros".

Pense nisso

Quando você reflete sobre o ato de compartilhar, sobre o que ele implica para seu filho (e para qualquer pessoa), não é de surpreender que ele fique tão aborrecido com isso. Basicamente, ele pensa: "Ela não tem nada para mim", e fica muito preocupado quando outra criança se aproxima. Compartilhar requer características desafiadoras:

Empatia: seu filho precisa entender o ponto de vista das outras crianças, e perceber que seus amigos têm sentimentos e pensamentos como ele.

Doar: compartilhar implica dar algo sem esperar nada em troca, porque não há retorno imediato para a criança que doa. Ele precisa gostar do simples ato de doar.

Confiança: quando uma criança compartilha algo, ela precisa confiar no amigo e acreditar que ele vai devolver o brinquedo logo e no mesmo estado de conservação em que foi emprestado.

Eu consigo aprender a compartilhar

Seu filho aprende a habilidade de compartilhar por meio da observação, da experiência e do ensino. Já que, para ele, o ato de compartilhar não tem nenhum efeito positivo e ninguém em seu perfeito juízo gostaria de compartilhar suas coisas, ele só vai mudar esse pensamento aos poucos. Por exemplo, ele observa atentamente quando você compartilha um pacote de doces com alguém, ou quando empresta o jornal que está lendo ao seu companheiro. A observação desses exemplos práticos faz com que ele pense: "Ah, então compartilhar é isso".

Finalmente, com incentivo, seu filho passa a confiar e permite que outra criança (geralmente um irmão mais velho) brinque com algum de seus brinquedos. Ouvir você dizendo que o brinquedo será devolvido aumenta sua confiança e reafirma que compartilhar é seguro. Ele gosta de ser lembrado de que o brinquedo será devolvido a ele e que não há nada a temer.

Eu sou filho único

Às vezes, o ato de compartilhar, para um filho único, é um desafio ainda maior, pois como não tem irmãos ele está muito acostumado a ter tudo só para ele. Ele não cresceu em uma atmosfera familiar na qual compartilhar fazia parte do seu dia-a-dia; talvez ele nunca tenha precisado compartilhar nada antes. Mas isso tudo depende de cada criança e de seus pais.

Há muitas evidências que demonstram que uma criança que não tem irmãos pode ser capaz de compartilhar tanto quanto uma que tem irmãos, se for dado a ela experiências sociais alternativas com as quais ela possa aprender a compartilhar. Por exemplo, a criança pode aprender a compartilhar por meio de interações com seus amigos no jardim de infância e na pré-escola, ou quando seus primos da mesma idade vêm visitá-la. Essas experiências sociais realizadas com amigos e não com irmãos são muito valiosas para seu filho quando chega o momento de desenvolver sua capacidade de compartilhar.

Vamos trocar de turnos

Pesquisadores têm descoberto que bebês recém-nascidos demonstram uma boa habilidade de troca de turno com seus pais. Por meio de análise detalhada, em gravações de vídeo, da interação entre mães e bebês durante os quatro primeiros meses, psicólogos descobriram que as mães intuitivamente se sintonizam com o período de atenção ou desatenção de seu bebê, de maneira que elas rapidamente começam a mostrar mais afeição quando seus filhos estão atentos.

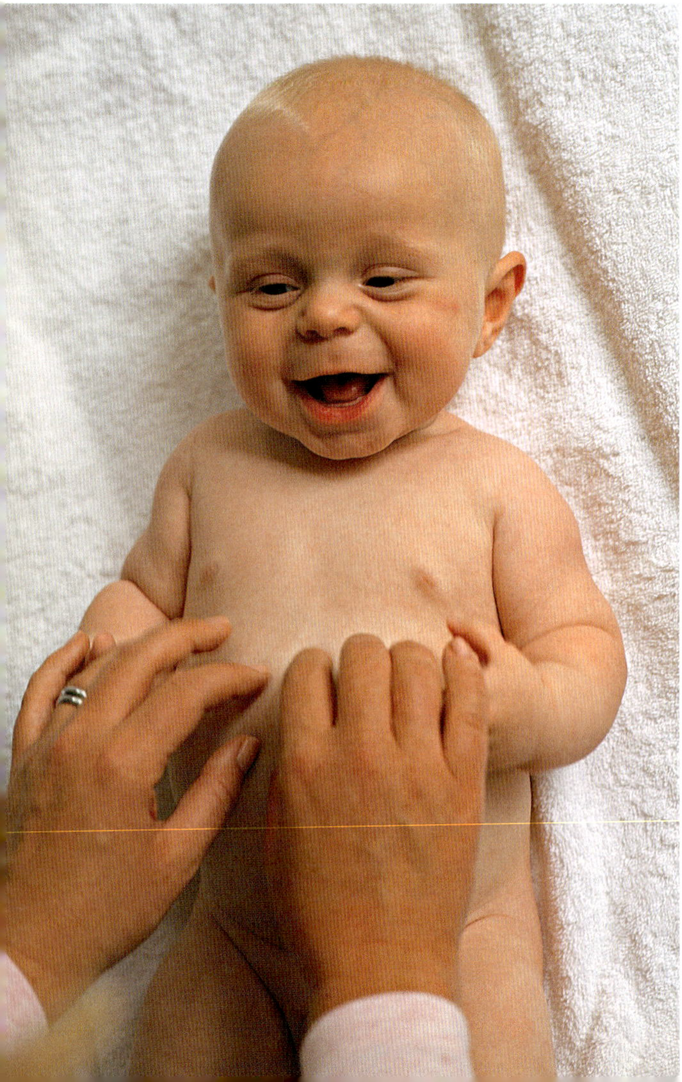

Então isso é uma conversa

Uma vez que o padrão de "sincronia interacional" foi desenvolvido entre a mãe e o bebê, uma segunda fase se inicia, na qual a mãe espera que o bebê reaja de uma certa forma, depois ela responde positivamente, em seguida o bebê reage à resposta da mãe e assim sucessivamente. Essa é uma forma primária de troca de turno, da qual seu filho gosta, e a qual prova que ele tem um potencial inato para a troca de turno.

O próximo estágio na troca de turno ocorre conforme seu filho aperfeiçoa suas capacidades da linguagem. Quando a linguagem e a fala de seu filho realmente começam a decolar, durante o segundo ano de vida, ele começa a entender a função social da linguagem – ela não serve somente para expressar seus pensamentos e sentimentos, mas é também uma forma de se envolver socialmente com alguém em uma interação mútua.

Portanto, ter simples conversas com seu filho o ajuda a sentir-se confortável com a idéia de troca de turno com a linguagem. Ele pensa: "Eu vou deixar você terminar e depois é a minha vez". Essa rotina de conversas que você tem com ele ao longo do dia fornece oportunidades naturais de melhorar suas habilidades de troca de turno. Jogos de linguagem também ajudam: por exemplo, cantar uma música e deixar que seu filho complete com a última palavra do verso ou brincar de esconde-esconde, em que você se esconde por um ou dois segundos e ele espera pacientemente você reaparecer.

Eu não posso esperar – ainda

Entretanto, quando chega o momento de transferir sua habilidade de troca de turno para um contexto social com os amigos, as coisas ficam mal temporariamente. Seu filho parece esquecer tudo o que aprendeu até agora sobre troca de turno, e fica muito frustrado quando tem de esperar – ele pensa: "Eu quero ser o primeiro e não posso esperar".

É por isso que ele faz um escândalo quando, por exemplo, duas crianças de um grupo brincam com a ambulância de brinquedo antes dele. Ele provavelmente pensa: "Eu quero o brinquedo agora", pois ele ainda está em um estágio de desenvolvimento em que ele não entende que seus colegas têm sentimentos similares aos seus. É por isso também que ele "fura" filas ou enfia a mão na sacola de doces sem esperar permissão, porque em sua mente a troca de turno é só para os outros, não para ele.

Entretanto, a influência de outras crianças da mesma idade é muito forte. Conforme se aproxima de seu segundo aniversário, ele começa a entender que muitas brincadeiras não dão certo sem a troca de turno. Ele percebe que uma hora sua vez vai chegar, se ele for paciente.

Habilidades de troca de turno

A habilidade de troca de turnos em todos os contextos sociais não está desenvolvida até que a criança tenha atingido a idade de três ou quatro anos. As crianças aprendem a troca de turnos mais rapidamente quando usam a habilidade social na presença e supervisão de um adulto – saber que um adulto está lá para solucionar qualquer dificuldade que alguma criança possa ter com relação a esperar sua vez lhe dá a confiança necessária para continuar brincando feliz.

Não me deixe

Quando seu bebê cresce, ele tem dois desejos psicológicos em conflito. Primeiro, cada vez mais ele quer ser independente, para fazer mais e mais por si mesmo sem precisar de sua ajuda. Segundo, ele quer ficar próximo a você quando alguma coisa dá errado, para poder contar com sua presença tranqüilizadora sempre que ele sentir necessidade.

Eu gosto mais de você

Este é o segundo desejo – unir-se a você durante momentos de estresse – que faz com que seu filho chore quando você sugere deixá-lo com a babá ou na pré-escola. Completamente feliz até esse específico momento da separação chegar, ele grita histericamente diante da possibilidade de se separar de você temporariamente. Ele pensa: "Eu prefiro sua companhia e não estou pronto para perder você de vista". Ele quer que você fique.

É só uma fase e vou superá-la

A ansiedade de uma criança perante a separação temporária com seus pais é muito comum. Por exemplo, se ele é deixado com uma babá todas as manhãs, as chances são de ele se acostumar dentro de 15 dias. A ansiedade de seu filho quando você o deixa, não quer dizer que, mais tarde, ele terá dificuldades emocionais – as duas características geralmente não estão relacionadas. E mesmo que ele esteja totalmente de acordo em ficar com sua babá atual durante uma tarde, ele pode ficar choroso e ansioso quando tiver de ficar com uma babá nova e desconhecida. Um estudo descobriu que crianças que se acostumam com babás são mais alertas, mais curiosas e mais assertivas com os amigos, uma vez que se sentem mais à vontade.

Isso me ajudou, obrigado

As lágrimas de seu filho no momento em que vocês se separam temporariamente não se deve somente ao amor que ele tem por você. Sua angústia também se refere ao medo do desconhecido. Ele pensa: "O que vai acontecer comigo quando você sair?". Portanto, ele consegue lidar melhor com suas ausências quando ele sabe o que vai acontecer durante a separação. Por isso, é importante que ele conheça a babá com antecedência para que tenha tempo de se acostumar com a personalidade e as características dela.

Da mesma forma, ele se sentirá melhor ao ficar com uma babá se ele já a conhecer (e talvez até mesmo se tiver brincado com ela na sua presença alguns dias antes). E se ele estiver ocupado no momento em que você sai, ele não terá tempo para refletir sobre sua ausência, portanto será muito melhor. Brincar com ele e distraí-lo irá diminuir sua ansiedade e tranqüilizá-lo.

O relacionamento dos pais com o filho

Psicólogos têm identificado quatro formas de relacionamentos entre pais e filhos, que afetam a maneira como as crianças encaram separar-se de seus pais:

Ligação segura: a criança brinca feliz na presença da mãe, torna-se ansiosa quando ela sai, e a recebe com amor quando ela retorna.

Ligação resistente: a criança fica grudada com a mãe, é relutante em explorar, e fica triste quando ela sai.

Ligação de desapego: a criança não fica angustiada quando a mãe sai, não demonstra empolgação quando ela retorna, e não se importa se um estranho toma conta dela.

Ligação desorganizada: a criança é confusa e desorientada sobre sua mãe, e oscila entre ficar com ela e afastar-se dela.

A ligação segura ocorre na maioria dos relacionamentos entre pais e bebês e é vista como a melhor base para uma criança lidar com as separações temporárias.

Estou com vergonha

Quando seu bebê tem apenas algumas semanas de vida, ele não se importa com quem o segura no colo – ele gosta muito de atenção, não importa de quem venha. Ele não fica com vergonha quando um estranho espreita em seu berço durante as primeiras semanas. É claro que ele é capaz de diferenciar você de outras pessoas em questão de dias, mas isso não o impede de gostar da companhia de outras pessoas.

VOCÊ SABIA?

Não há nenhum sinal de timidez:

- A evidência de que a timidez é geneticamente herdada dos pais veio de estudos que mostram que os níveis de timidez de gêmeos idênticos (que têm quase as mesmas estruturas genéticas) são mais próximos do que os níveis de gêmeos não-idênticos (aqueles em que as estruturas genéticas não são mais similares do que a de dois irmãos). Entretanto, essa tendência também poderia ser explicada em termos de comportamento dos pais. Os pais tendem a esperar que seus dois filhos se comportem da mesma forma se eles forem parecidos.
- Uma criança tende a ser mais tímida ou retraída em um ambiente que valorize a competitividade e as conquistas do que em um ambiente no qual ela seja valorizada por suas qualidades pessoais.
- Antes dos cinco anos de idade, os meninos tendem a ser mais tímidos do que as meninas, mas essa situação tende a se reverter quando a criança vai para a escola.

Quem é você?

A curiosidade das crianças perante desconhecidos tende a desaparecer por volta dos seis meses. Em vez de sentir-se fascinado e feliz diante de rostos estranhos, agora com seis meses seu bebê rompe em lágrimas quando uma criança ou um adulto desconhecido surge no seu campo de visão. Nessa idade, como o bebê está mais atento ao que acontece ao seu redor, ele pensa: "Eu não conheço essa pessoa e estou nervoso", e, portanto, é mais provável que ele se sinta tímido.

Estou sempre mudando

A timidez de seu filho oscila durante os dois primeiros anos de vida, dependendo do contexto específico em que ele conhece a outra pessoa: por exemplo, no supermercado (ele sente-se à vontade até que alguém desconhecido pare para falar com ele; seu rostinho fica vermelho de vergonha) ou em encontros com a família (quando você o apresenta para um parente distante, em resposta, ele desata a chorar).

A timidez de seu bebê diante de pessoas desconhecidas muda geralmente durante o primeiro ano de vida. Em um mês ele pode ficar tímido ao ver alguém desconhecido e no mês seguinte pode estar se sentindo à vontade na companhia de um estranho. Felizmente, esses episódios são temporários e logo ele perde a vergonha conforme sua confiança vai aumentando.

Eu preciso de sua ajuda

Quando seu filho passa por um episódio de timidez, seu instinto é retirar-se o mais rápido possível da situação social, talvez dando as costas para a pessoa com quem está falando, retirando-se da sala ou escondendo seu rosto em você. Ele pensa: "Eu quero sair daqui". Porém, o problema dessa estratégia é que quando o próximo acesso de timidez acontecer, seu filho se sentirá ainda menos socialmente confiante e fará um esforço ainda maior para fugir da situação o mais rápido que puder.

Por outro lado, ao incentivá-lo e convencê-lo a ficar onde está e enfrentar a criança ou o adulto do qual ele tem vergonha, fará com que ele pense: "Até que não é tão ruim assim". Com o seu apoio nesses momentos, ele aprenderá a lidar melhor com a timidez, ficará orgulhoso de suas conquistas e mais sociável. Conforme vai superando os episódios de timidez, ele se sentirá cada vez melhor consigo mesmo.

Eu gosto de rir

Seu bebê geralmente dá o primeiro sorriso de verdade por volta da sexta semana de vida. Muitos pais dizem que seus filhos sorriem antes disso, mas psicólogos acreditam que não se tratam de sorrisos, apenas expressões faciais, nada mais.

PESQUISAS MOSTRAM

As crianças prestam mais atenção a histórias que contenham elementos de humor, e essa pode ser uma maneira positiva de atrair seu interesse e atenção. Os meninos tendem a reconhecer e reagir com mais facilidade ao humor visual do que as meninas – quando desenhos animados ou comuns, ou até mesmo um cenário de comédia envolvendo um palhaço são apresentados para crianças de ambos os sexos, os meninos geralmente sorriem antes que as meninas – e eles tendem a achar graça à custa dos outros.

Isso é o que eu chamo de engraçado

O senso de humor de seu filho muda junto com ele:

Três meses: ele sorri ao toque de um parente ou amigo (por exemplo, quando você encosta seu rosto em sua barriga e assopra lentamente em sua pele).

Seis meses: seu humor e sua risada são despertados por movimentos ativos (por exemplo, quando você faz cócegas embaixo dos braços ou nos pés).

Nove meses: situações inusitadas freqüentemente estimulam sua risada (por exemplo, quando você esconde seu ursinho de pelúcia favorito deixando aparecer somente a cabeça, e pergunta: "Cadê o ursinho?").

Um ano: O foco do humor deixa de ser ele mesmo e passa a ser objetos e pessoas ao seu redor (por exemplo, quando você brinca com ele de esconde-esconde escondendo seu rosto com as duas mãos, e espiando entre elas). Ele dá gargalhadas.

Dois anos: seu filho sorri mais com situações de humor que envolvam o movimento de braços, pernas e do corpo todo (por exemplo, quando vocês brincam de ações com rimas em canções como "Se você está contente" ou "Meu lanchinho").

A importância da risada

Há inúmeras razões pelas quais o humor e a risada são importantes para o desenvolvimento emocional satisfatório de seu filho:

- O humor é uma experiência compartilhada que faz com que vocês fiquem mais próximos. O foco do humor não importa: o que importa é que você e seu filho estejam descontraídos e em sintonia com a alegria um do outro.
- Seu filho pode utilizar o humor para aliviar a tensão; portanto, ele pode sorrir quando for repreendido, não porque acha isso engraçado, mas porque ser repreendido o deixa nervoso.
- O humor e a risada são maneiras instintivas de seu filho expressar felicidade. É claro, ele sorri de uma piada engraçada. A risada é a expressão universal de prazer, em todas as culturas.

Você não consegue me *fazer* sorrir

A risada é uma reação muito individual, e você nunca terá certeza total do que pode estimular o humor do seu filho.

Uma situação de humor geralmente é mais engraçada quando ocorre espontaneamente, e não quando é planejada. Relaxe quando estiver com seu filho e você irá descobrir que a risada vem sem nenhum esforço. Apenas seja você mesma. Você verá que vocês riem muito quando estão juntos, pois seu filho pensa: "Mamãe está rindo então vou rir também". Ele gosta de humor explícito, óbvio e exagerado: por exemplo, quando alguém é quase atingido por uma torta na cara não é tão engraçado como quando realmente é atingido. A imagem visual o diverte.

Por outro lado, seu filho pode ser do tipo que tem uma expressão sisuda, que parece nunca rir de nada – o senso de humor é mais um traço da personalidade e, como todas as características humanas, varia de criança para criança. Algumas crianças riem mais que outras, é só isso.

O eu verdadeiro

Isso está me irritando

Ao observar outros bebês e outras crianças, você perceberá que alguns são mais fáceis de lidar do que outros. Os seus filhos podem ser do tipo que segue a correnteza, que lida com pequenas mudanças e aborrecimentos sem fazer uma tempestade em copo d'água – ou podem ser do tipo que se irrita facilmente e pensa: "Tudo me irrita".

Esse é meu jeito

Um bebê começa a mostrar seu temperamento no momento em que nasce. Por exemplo, pode ser que, em sua primeira mamada, ele sugue bem e com entusiasmo ou pode parecer passivo e sugar lentamente. Talvez ele fique quieto deitado no berço quando ninguém estiver por perto, ou fique se mexendo até conseguir chamar atenção. Da mesma forma, alguns bebês são sossegados e fáceis de lidar, enquanto outros são mal-humorados, inquietos e difíceis de acalmar.

PESQUISAS MOSTRAM

É mais provável que gêmeos idênticos tenham um temperamento semelhante do que gêmeos não-idênticos, o que sugere que o bebê herda dos pais parte do perfil de seu temperamento. Outras evidências que favorecem esse conceito vêm de investigações nas diferenças étnicas. Um projeto descobriu que os bebês dos EUA são mais ansiosos e mal-humorados do que os bebês da Irlanda, que, por sua vez, são mais ativos e inquietos que os bebês nascidos na China. Ainda assim, o ambiente em que são criados também tem um papel importante. Por exemplo, pesquisas têm descoberto que quanto mais os pais demonstram afeição positiva pelos seus filhos, mais sociáveis, felizes e risonhos eles podem se tornar. A atmosfera de seu lar pode moldar o temperamento de seu bebê.

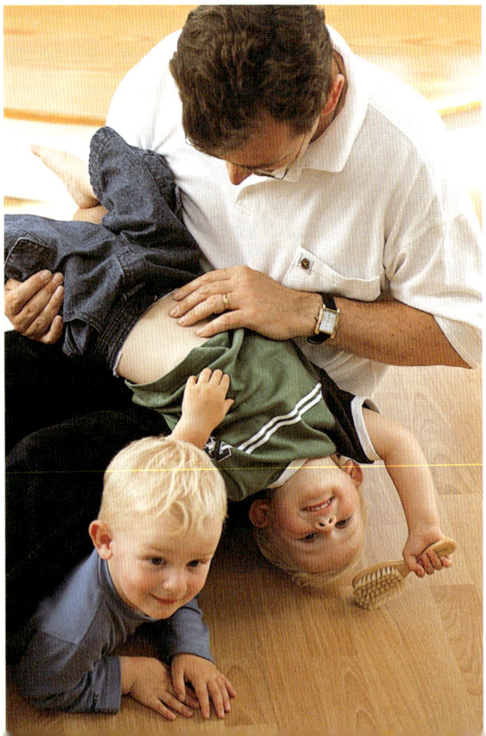

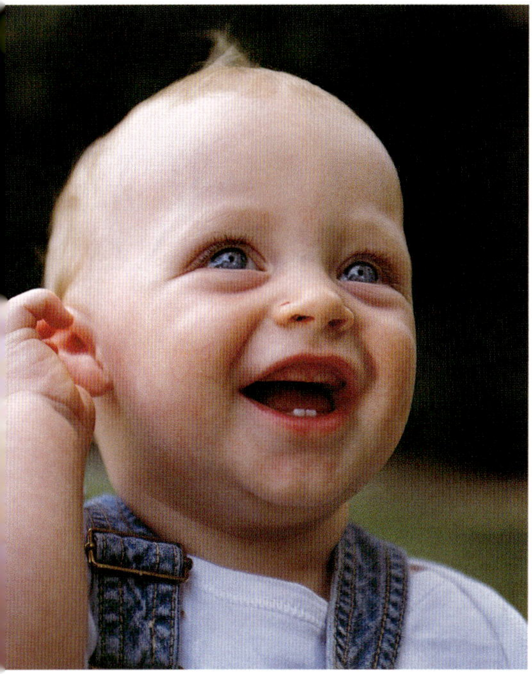

Qual é o meu?

O temperamento de seu filho provavelmente se encaixa em um dos três tipos a seguir. (Você pode descobrir, entretanto, que ele pode ter características de mais de um tipo de temperamento – isso ocorre em aproximadamente um quarto de todas as crianças.)

Fácil: é muito gostoso ficar com esse tipo de bebê porque ele está sempre calmo e reage positivamente a qualquer coisa que aconteça com ele ou ao redor dele. Ele se adapta a novas experiências, e as recebe bem em vez de evitá-las. Seu comportamento e seu humor são regulares e previsíveis. Ele pensa: "Eu gosto da vida".

Difícil: esse tipo de bebê é ativo a maior parte do tempo, mas também é mal-humorado e se irrita com facilidade. Não é preciso muito para que ele fique alterado; seu humor varia muito e por isso é imprevisível. Esse tipo de bebê não gosta de mudanças e reluta para se adaptar a novas situações ou a pessoas desconhecidas. Ele pensa: "A vida me irrita".

Indiferente: esse tipo de bebê tem reações moderadas perante a maioria das coisas. Com pouco entusiasmo diante de novas experiências, suas reações são casuais. Por exemplo, se ele não gosta de um novo brinquedo ele simplesmente deixa-o de lado em vez de rejeitá-lo. Ele pensa: "Eu quero levar a vida numa boa".

Os cinco principais componentes do temperamento

Nível de energia: seu bebê pode ser rápido e enérgico ou pode ser tranqüilo e preguiçoso, contentando-se em reagir no seu próprio ritmo.

Irritabilidade: alguns bebês e crianças lidam com experiências diárias sem ficarem irritados enquanto outros se irritam ou se aborrecem facilmente.

Capacidade de se acalmar: refere-se à facilidade com que seu bebê se acalma depois de ter ficado irritado, e varia muito de criança para criança.

Medo: estimulação pode gerar excitação ou medo, e alguns bebês e crianças são mais facilmente amedrontados do que outros.

Sociabilidade: o sorriso que a criança sociável dá quando alguém se aproxima dela é mais agradável do que o grito de ansiedade de uma criança não-sociável.

Vou fazer do meu jeito

O temperamento do seu bebê é a pedra fundamental na qual sua personalidade será construída no futuro, e ele começa a surgir durante a infância. Esses traços duradouros afetam o modo com que ele se relaciona com outras crianças e com adultos.

VOCÊ SABIA?

Todo bebê tem sua própria mistura de características pessoais que o tornam único. Quando ele vê outro bebê ou outra criança se comportando de um certo modo, ele acha aquilo fascinante, mas pensa: "Não, eu vou fazer isso do meu jeito" – ele tem sua própria personalidade e estilo para fazer as coisas.

O que é personalidade?

Psicólogos afirmam que a personalidade de cada criança é uma mistura de cinco características diferentes:

Extrovertido: a intensidade com que ele procura a companhia de outros para que possa brincar com eles.

Agradável: a intensidade com que ele é amável e compassivo com seus amigos, em vez de ser antagonista.

Consciente: a intensidade com a qual ele controla seus impulsos, pois tem consciência das necessidades dos outros.

Instável: a intensidade com a qual ele encara as experiências diárias como ameaçadoras, perturbadoras ou assustadoras.

Acessível: a intensidade com a qual ele é aberto a novas experiências, somado a sua imaginação e criatividade.

Meninos e meninas são diferentes?

Há diferenças de personalidade entre os gêneros. Por exemplo:

- Embora crianças de ambos os sexos geralmente vistam o mesmo tipo de roupa (camiseta, calça jeans e tênis), as meninas gostam de roupas cor-de-rosa – já os meninos preferem cores mais escuras.
- Os meninos geralmente preferem brincadeiras de rua, enquanto as meninas preferem atividades mais tranqüilas.
- Os meninos tendem mais a bater e chutar quando brigam do que as meninas; quando as meninas brigam, é mais provável que elas usem palavras em vez de agressões físicas.
- As meninas conquistam independência mais cedo do que os meninos, e aprendem mais rápido a se vestir, a se despir e a controlar as eliminações.
- Os meninos tendem a ser mais aventureiros do que as meninas; eles se arriscam mais.
- As meninas aprendem mais rápido a cooperar umas com as outras – elas pensam: "Nós jogamos melhor quando nos damos bem umas com as outras". É por isso que as meninas geralmente conseguem brincar juntas com o mesmo brinquedo calmamente, enquanto os meninos tendem a disputar uns com os outros.

Eu sou o primeiro

A ordem de nascimento de seu filho (ou seja, se ele é o primogênito, o segundo, o do meio ou o caçula) interfere em sua personalidade. Por exemplo, os primogênitos tendem a ser os mais brilhantes da família e os que realizam mais, embora eles possam ter falta de confiança e muita ansiedade. Eles também tendem a ser mais conformistas, mais responsáveis, e a gostar de brinquedos e jogos tradicionais.

Seu primogênito ocupa a posição exclusiva de ser o filho único durante alguns anos e adora ser o centro das atenções durante esse período. Entretanto, depois disso ele tem de lidar com o trauma de ter um novo bebê na família – e ele pode pensar: "Quem é esse aí, me empurrando para fora do holofote?".

É geralmente nesse momento que a rivalidade entre irmãos se inicia – não é de surpreender que seu primogênito fique preocupado em ter de dividir você com outro bebê. Entretanto, há chances de que ele se acostume em alguns meses, se você adotar algumas estratégias sensíveis: por exemplo, dando a ele também bastante atenção, envolvendo-o em algumas das atividades no cuidado com o irmão mais novo, e enfatizando o quanto o irmãozinho gosta dele e o admira.

Eu sou quem eu sou

Desde o nascimento, seu bebê tem alguma percepção de que é uma pessoa separada de você, e esse "senso de si mesmo" continua a se desenvolver durante seus primeiros anos de vida. Por exemplo, ele fica feliz quando balança o chocalho para fazer barulho porque pensa: "Fui eu que fiz isso acontecer", e o seu senso de si mesmo aumenta. Ele gradativamente aprende que consegue ser feliz sozinho, e não é totalmente dependente dos outros o tempo todo.

Não há ninguém igual a mim

O próximo estágio é quando seu filho começa a ter consciência de que ele não somente é um indivíduo independente, como também possui certas características, como tamanho, cor, gênero, nome e personalidade, assim como qualquer outro objeto ou ser vivo no mundo. Essa genuína consciência de si mesmo geralmente começa a surgir entre 15 e 18 meses de vida.

Essa é uma das razões pelas quais o jogo do espelho (ver páginas 64-65) é tão popular nessa idade – seu filho fica feliz em ver sua própria imagem refletida no espelho. Ele pensa: "Aquele lá sou eu". Olhando-se no espelho e também em vídeos e fotos ele continua a construir seu senso de identidade.

Eu quero que você goste de mim

Apesar de se tornar orgulhoso – seu filho insiste em fazer as coisas sozinho – o aumento do seu senso de si mesmo faz com que ele fique muito mais ciente de sua identidade. Antes disso, ele fazia exatamente o que ele queria sem se preocupar com a opinião de mais ninguém; agora, ele começa a experimentar sensações como orgulho, vergonha e timidez.

Essas sensações aumentam por volta dos dois anos de idade pois seu filho começa a pensar: "As pessoas têm opiniões sobre mim". Ele quer que as pessoas pensem bem dele, e quando isso não acontece ele fica decepcionado.

Como se desenvolve a consciência de gênero

A consciência de gênero de seu filho desenvolve-se com o tempo, até que, um dia, ele pensa: "Eu sou um menino!".

Três meses: seu bebê consegue distinguir a diferença entre o rosto de um homem e o rosto de uma mulher. Se ele vir várias fotos de homens ele perde o interesse, mas volta a prestar atenção quando a seqüência de fotos de repente mostra o rosto de uma mulher.

Seis meses: em um projeto de pesquisa, os bebês viam uma foto e ouviam uma voz ao mesmo tempo. Os pesquisadores descobriram que os bebês olhavam por mais tempo para uma foto quando a voz que ouviam era do mesmo gênero que o da pessoa na foto.

Um ano: o senso de gênero da criança está se desenvolvendo. Por exemplo, se uma garota dessa idade junta-se a um grupo de crianças que está vestindo roupas unissex ela tende a ficar ao lado das meninas (e os garotos também tendem a ficar ao lado dos meninos).

Dois anos: a preferência de brinquedos por gênero aumenta. Por exemplo, a maioria das meninas prefere bonecas e jogos de imaginação, enquanto os meninos gostam de brincar com carrinhos e jogos de luta e de perseguição.

Eu posso tomar conta

O autocontrole faz parte do autoconhecimento. Apesar de se sentir tentado a fazer tudo o que deseja, seu filho começará a se autocorrigir. Por exemplo, ele pode conseguir pegar um enfeite que sabe que não deveria enquanto diz em voz alta para si mesmo: "Não, não, não" – essa é sua tentativa de controlar seu próprio comportamento.

Ele também dá instruções para ele mesmo: por exemplo, enquanto tenta colocar um brinquedo dentro da caixa, ele diz em voz alta: "Coloque aqui dentro, coloque aqui dentro". Conhecido como "Discurso autodirigido", é a maneira de seu filho controlar e regular suas próprias ações. Aos três anos de idade, ele começa a manter essas idéias em sua mente em vez de dizê-las em voz alta.

Eu, eu, eu

Quando seu filho quer um brinquedo ele espera obtê-lo na mesma hora. Ele não se incomoda com o fato de você estar cansada, ou de seu amigo já estar com o brinquedo, ou de você já ter dito a ele que ele só poderá brincar com esse brinquedo mais tarde.

Sou o mais importante

Para seu filho egocêntrico, ele está em primeiro lugar e os pensamentos e sentimentos das outras pessoas não têm importância. Seus principais pensamentos são: "Eu, eu, eu mesmo; Eu quero, eu quero, eu quero". E se você se atreve a colocar-se em seu caminho, ele pode ter um acesso de fúria. É como se ele se sentisse insultado com sua impertinência em não fazer o que ele quer, na hora em que ele quer! A determinação de seu filho egocêntrico e furioso não conhece limites; ele faz de tudo para conseguir o que quer.

Não sou egoísta

Se você se comportasse dessa forma, as pessoas diriam que você é egoísta pois você estaria fazendo uma escolha consciente de ignorar os sentimentos das outras pessoas para agradar a você mesma; você estaria deliberadamente colocando seus sentimentos em primeiro lugar.

Entretanto, você não pode descrever o comportamento de seu filho como egoísta porque ele não tem seu nível de compreensão – é preferível descrever o comportamento dele como "egocêntrico" no verdadeiro sentido da palavra, em vez de "egoísta" no sentido adulto da palavra. Ele é egocêntrico porque, literalmente, não consegue captar o ponto de vista de ninguém.

Muitas investigações psicológicas já confirmaram que crianças nessa idade se esforçam para levar em conta o que outras pessoas pensam e sentem. A criança vê o mundo somente a partir de seu próprio ponto de vista e simplesmente não entende que outras pessoas possam ter diferentes perspectivas.

Experimente isso

Coloque seu filho sentado em uma cadeira na extremidade de uma mesa pequena e, na outra extremidade, coloque sentado em uma cadeira seu ursinho preferido – certifique-se de que um está de frente para o outro. Em seguida, pegue alguns brinquedos (por exemplo, uma bola e um patinho de borracha) e coloque-os um do lado do outro bem no meio da mesa, com a bola mais perto do seu filho e o patinho mais perto do ursinho.

Depois, pergunte ao seu filho: "Qual brinquedo o ursinho vê primeiro, a bola ou o patinho?". Ele vai olhar para a mesa, e vai ver a bola antes do patinho, e automaticamente pensará: "O ursinho vê o mesmo que eu", e responderá a você que seu ursinho também vê a bola primeiro. Esse estágio de egocentrismo geralmente dura até os três ou quatro anos de idade.

Você é igual a mim

O egocentrismo de seu filho o afeta de outras formas. Por exemplo, se ele vir que você está triste, ele provavelmente irá oferecer a você seu ursinho de pelúcia preferido com o objetivo de te animar. Ele faz isso porque pensa: "Meu ursinho me alegra quando eu estou triste, portanto ele fará o mesmo por você". Ele supõe que aquilo que funciona como conforto para ele também funcionará para você.

O egocentrismo também é responsável pelo "animismo", fenômeno pelo qual muitas crianças pequenas pensam que tudo o que há no mundo tem vida, assim como ele. É por isso que seu filho diz a você coisas como: "O sol acorda de manhã". Da mesma forma, ele pode derramar lágrimas genuínas se deixar cair no chão o ursinho de pelúcia porque ele realmente pensa que o ursinho sente dor, assim como ele quando leva um tombo.

Estou furioso

Acessos de raiva são comuns em crianças, principalmente porque aos dois anos de idade elas ainda não adquiriram autocontrole. Devido ao seu egocentrismo, elas vêem o mundo somente sob seu ponto de vista e esperam ser capazes de fazer tudo o que quiserem.

Fatos sobre os acessos de raiva

- O auge dos acessos de raiva ocorre entre o primeiro e o terceiro ano de vida. Eles são comuns tanto em meninos como em meninas.
- Crianças que os pais deixam fazer tudo o que querem também podem ter acessos de raiva como qualquer outra criança.
- Um estudo descobriu que pelo menos 48% das crianças em acesso de raiva se xingam ou arrancam coisas das mãos umas das outras, enquanto 64% batem nos irmãos durante um acesso de raiva.
- Uma criança pode ter uma descarga motora de ansiedade, em que ela fica tão furiosa que involuntariamente prende a respiração até desmaiar.
- Durante um acesso de raiva uma criança é capaz de machucar a si mesma – completamente frustrada, ela pode se jogar no chão ou bater a cabeça contra a parede ou na mesa.

Saia da minha frente!

Seu filho tem idade suficiente para entender que ele tem seus próprios pensamentos e sentimentos, mas não tem maturidade suficiente para perceber que as outras pessoas têm sentimentos também e que os desejos dele não podem ficar em primeiro lugar. Quando ele não consegue fazer o que quer, ele grita, berra, fica furioso (e talvez até chute e bata). Ele pensa: "Você está me deixando louco porque está no meu caminho". Seu senso de auto-importância é muito forte e ele fica furioso se algo estiver atrapalhando seu caminho.

Eu consigo o que eu quero

Não é por acaso que seu filho tem ataques de fúria em locais públicos, como em um supermercado ou durante um encontro em família na sua casa. As birras ocorrem com mais freqüência nesses momentos por dois motivos.

Primeiro, porque seu filho fica empolgado com as mudanças ao seu redor, e quanto mais empolgado, mais inconstante. Segundo, ele aprendeu por experiência própria que é mais provável que você atenda aos seus pedidos quando há outras pessoas por perto: ele percebe que você acha esses momentos embaraçosos, que seus esforços para resistir às suas provocações em público é menor e que você quer mostrar-se competente perante os outros. Portanto, se você não se mantém firme em suas convicções, ele logo pensa: "Esse é o melhor lugar para gritar para conseguir um brinquedo novo", e você logo descobrirá que os ataques de birra em público aumentam drasticamente.

Eu não consigo sentar nisso!

Não fique surpresa se seu filho sair correndo a primeira vez que você colocá-lo sentado em um penico. Ele está tão acostumado a usar fraldas que se sentar pela primeira vez sem nada cobrindo seu bumbum faz ele se sentir estranho e talvez até mesmo ansioso.

Estou preocupado

Você sabe que essa é a posição normal para fazermos nossas eliminações, mas ele pensa: "Isso parece muito estranho para mim". Ele precisa de tempo para se adaptar a essa nova experiência, pois, para ele, usar fraldas parece muito mais lógico do que se sentar em um penico!

Ele também pode se sentir muito vulnerável por estar sem a fralda, o que geralmente só acontecia quando ele estava sendo trocado ou quando ia tomar banho. Algumas crianças sentem-se até assustadas quando usam o penico de forma correta pela primeira vez e vêem o que fizeram dentro dele.

VOCÊ SABIA?

- Você sente vontade de fazer xixi quando sua bexiga está quase cheia (três quartos de sua capacidade). Entretanto, seu filho esvazia a dele automaticamente, muito antes de ela ficar cheia como a sua.
- Uma criança geralmente não tem maturidade suficiente para controlar seus esfíncteres (músculos que controlam a saída da urina e das fezes) até que tenha pelo menos 15 meses de vida.
- Os meninos demoram mais para adquirir o controle voluntário das eliminações, e isso se aplica tanto para o controle diurno quanto para o controle noturno. Cientistas não sabem ao certo o por que dessa diferença.
- Quase 90% das crianças adquirem o controle diurno quando atingem os três anos de idade.
- Seu filho adquire o controle diurno antes de adquirir o controle noturno. Aos três anos, cerca de 75% das crianças já adquiriram o controle noturno.

Estou pronto

Seu filho lhe dará sinais de que está pronto para o treinamento da retirada da fralda. Se você começar esse treino cedo demais, algumas brigas podem ocorrer, pois você ficará irritada com ele, o que, por sua vez, poderá fazer ele se sentir mal por falhar com você.

Geralmente, o momento para começar o treino com o penico é por volta dos 20 meses, talvez alguns meses antes ou depois. Veja a seguir algumas formas de seu filho lhe dizer: "Estou pronto para o treino":

- Ele te avisa quando sua fralda está suja ou molhada (tanto dizendo a você como apontando).
- Ele está consciente de que está sujando a fralda.
- Você descobre que sua fralda está seca mesmo que tenha sido trocada há horas.

Eu gosto de participar

Seu filho participa com entusiasmo do treino ao uso do banheiro quando:

- Ele sente-se à vontade com o penico e o usa para sentar-se nele sem estar usando uma fralda.
- Ele sente que você está feliz com suas conquistas durante o treino.
- Ele sente que tem bastante tempo para usar o penico, sem se sentir pressionado.
- Ele não se sente rejeitado por qualquer "acidente" que possa ocorrer durante essa fase de adaptação ao penico.
- Ele se diverte enquanto está sentado no penico, talvez cantando uma música ou ouvindo você contar uma história.
- Você o cobre de elogios quando ele usa o penico de forma correta.
- Ele percebe que você está tranqüila com ele, não está tensa nem frustrada por causa de seu progresso lento.
- É dado a ele bastante tempo para desenvolver seu controle de eliminações.
- É permitido a ele (ou ela) usar cueca (ou calcinha) quando já tiver feito alguns progressos.

Não vou comer isso!

É bem provável que seu filho passe por uma fase difícil em relação à alimentação, geralmente por volta dos 24 meses de vida (embora essa fase possa começar mais cedo). Ele pensa: "Eu não tenho intenção de comer isso", se recusa a tocar na comida que está no prato ou apenas fica escolhendo a comida com uma cara de desânimo.

Você não pode me forçar!

Você não deve obrigar seu filho a comer. Se ele fizer alguma outra coisa errada, você pode fazer algo imediato a respeito, como retirar o brinquedo dele e até repreendê-lo. Mas com a comida é diferente, pois seu filho tem o controle total do que mastiga e do que engole. Não importa o quanto você o pressione, é dele a decisão de comer. E é por isso que métodos de confronto não funcionam – a cooperação é muito mais eficaz.

PESQUISAS MOSTRAM

Em um projeto, que durou semanas e envolveu centenas de crianças, os pequenos podiam comer o que quisessem e a hora que quisessem. Surpreendentemente, a maioria das crianças experimentou toda comida que foi oferecida e raramente alguma criança comeu demais a mesma coisa. E não houve reclamações de falta de apetite ou dor de barriga durante esse período. Ao final, nutricionistas que participaram do estudo concordaram que, de uma forma geral, a comida ingerida pelas crianças representou uma dieta balanceada. Parece que seu filho instintivamente sabe o que comer e o que não comer.

A escolha – mesmo que seja mínima – é importante para seu filho. Mesmo assim, certifique-se de que ele esteja escolhendo uma variedade de alimentos saudáveis. Ele se recusa a comer se estiver pensando: "Mamãe está me forçando a comer isso". Ele irá comer feliz se estiver pensando: "Comer é divertido, relaxante e ninguém está brigando comigo".

Não gosto disso

- A recusa em experimentar novos alimentos é passageira e some com a mesma velocidade com que apareceu, embora há muitas crianças que insistam em escolher suas refeições.
- A neofobia alimentar é menos comum antes do segundo ano de vida – apenas menos de 1% dos pais fica ansioso a respeito dos hábitos alimentares de seus filhos de um ano de idade.
- Cerca de um quinto dos pais têm certeza de que seus filhos de dois a três anos de idade têm pouco apetite e que são selecionadores.
- Esse problema aumenta muito no ano seguinte, por isso, quando os filhos estão com quatro anos de idade, cerca de 50% dos pais expressam preocupação com os hábitos alimentares de seus filhos.
- Alguns hábitos alimentares têm pouco a ver com apetite – uma criança pode se recusar a jantar e ainda assim devorar uma barra de chocolate de uma só vez logo em seguida.

Isso não parece certo

Veja a experiência de alimentar-se sob o ponto de vista de seu filho:

- O tamanho de seus talheres é adequado para o tamanho de suas mãozinhas? A cadeira fornece a ele uma posição confortável para se sentar à mesa? Ele precisa sentir-se à vontade para comer.
- O tamanho da porção é adequado? Colocar muita comida em seu prato pode fazê-lo perder o apetite.
- A comida está na temperatura adequada? Se a comida for servida muito quente, ele pode ficar com medo de queimar a boca – e ainda pode não ter paciência para esperar a comida esfriar.
- A comida agrada seu paladar? Você pode preferir pratos com sabores mais requintados, mas seu filho prefere pratos simples, do dia-a-dia.
- Qual é a textura da comida? Comida muito seca ou muito gordurosa pode grudar em seu palato superior, fazendo-o se sentir enjoado.

Estou pronto

Uma criança autoconfiante é otimista em relação à vida. Não se trata de ser ousada ou insensata, ela apenas acredita em si mesma e em sua capacidade para fazer o que é exigido em diversas situações.

Tenho atitude

Se você tem um filho que é muito autoconfiante, perceberá que ele é tranqüilo e alegre na maior parte do tempo, e não se aborrece perante pequenos desafios – como conhecer novos amigos, arrumar o quarto, aprender novos assuntos ou fazer parte de um novo jogo na pré-escola. Ele encara essas experiências com otimismo porque pensa: "Não tem problema, isso parece ser muito divertido". E há evidências em pesquisas que sugerem que crianças autoconfiantes mantêm essa atitude durante a infância e a vida adulta.

Incentive-me

Seu filho tem uma atitude confiante quando:

Acredita nele mesmo: em outras palavras, ele acredita em suas capacidades. O aprendizado de novas experiências não o preocupa, porque ele está certo de que tem as habilidades necessárias para lidar com elas. Essa autoconfiança mantém sua motivação firme, e a cada conquista sua confiança aumenta ainda mais.

Tem auto-estima elevada: ele se valoriza, o que significa que ele pensa: "Eu acredito ser uma boa pessoa". Isso não quer dizer que ele seja convencido: ele apenas gosta de si mesmo e tem orgulho de suas conquistas, quer sejam sociais, educacionais ou físicas. Ele sente-se confortável com quem ele é como indivíduo.

Tem uma boa auto-imagem: seu filho confiante é feliz com ele mesmo porque os outros reagem a ele de maneira positiva. Sua aprovação quando ele completa uma tarefa ou encara um desafio melhora sua auto-imagem (a maneira como ele se vê) porque ele sente que você o apoia e o aprova.

Isso me ajuda muito

A maneira positiva como seu filho vê a si mesmo é reforçada quando ele percebe que você se interessa por tudo o que ele faz, quando você lhe mostra o quão orgulhosa está com seu progresso e quando você fica com ele sempre que pode. Ele vibra com sua demonstração de orgulho, entusiasmo e incentivo. Um outro grande incentivo para sua atitude positiva é o sucesso – quanto mais alvos ele acertar, mais irá se esforçar para acertar os próximos. Sucesso gera sucesso.

Às vezes uma criança pode ter expectativas fora da realidade: sua confiança em si mesmo vai além de suas habilidades, e essa confiança começa a ficar abalada quando suas fantasias vão de encontro à realidade. É por isso, por exemplo, que ele desiste de vez de brincar de quebra-cabeças quando não consegue completar o quebra-cabeça de cem peças do irmão mais velho! Ele se desenvolve melhor quando seus objetivos estão de acordo com a realidade.

Quando você diz...

A confiança de seu filho é muito influenciada pela linguagem.

Quando você diz...	**Ele pensa...**
"Você é incrível".	"Isso faz com que eu me sinta bem".
"Vou dizer à vovó o quanto você me ajudou".	"Estou muito orgulhoso".
"Eu gosto de ficar com você".	"Eu acho que sou uma criança legal".
"Você é muito bom nisso".	"Eu sou muito inteligente".
"Você tem tantos amigos".	"As crianças definitivamente gostam de mim".
"Seu irmão tem muito orgulho de você".	"Eu estou tão feliz".
"Você está muito bonito hoje".	"Eu sou bonito".
"Vamos pendurar seu desenho nesta parede".	"O que eu faço tem valor".

Tagarela

Isso parece interessante

Você deve ficar imaginando o que seu bebê pensa quando você está falando com ele. Afinal, ele não consegue lhe responder e certamente não entende o significado da maioria das palavras que você usa. Porém, o significado é apenas um dos aspectos da linguagem falada.

É uma ocasião social

Embora ainda não saiba o significado das palavras, seu bebê consegue tirar muito proveito de sua conversa com ele. Primeiro, porque na conversa há a dimensão social. Não importa o que você fale para o seu bebê, você diz alguma coisa, olha para ele, pára por um tempo, depois diz mais alguma coisa, como se estivesse participando de uma conversa na qual só você fala. Além de desenvolver a habilidade de troca de turnos de seu bebê (ver páginas 96-97), esse tipo de conversa também o incentiva a pensar: "Conversar é divertido", porque ele vê você sorrindo e olhando para ele enquanto fala. Segundo, porque suas palavras têm uma escala de sons, alguns dos quais ele tenta imitar – ele pensa: "Eu quero tentar falar como você". Ele é encorajado por você.

Eu gosto do seu tom de voz

Os adultos geralmente mudam o tom de voz e o estilo da fala espontaneamente quando estão falando com um bebê: eles usam uma escala maior de tons de voz, palavras mais curtas e expressões faciais mais animadas. Conhecidos como "mamanhês" e "papaiês", esse estilo de linguagem instintivo é perfeito para atrair a atenção e despertar o interesse de seu bebê.

Ele adora tons agudos e graves, mas prefere tons monótonos, adora ver expressões faciais exageradas porque elas são mais fáceis de ser interpretadas por ele, e também adora palavras curtas e fáceis de entender. É por isso que ele pensa: "Que legal!", quando você fala com ele dessa maneira. É claro que você não deve fazer isso o tempo todo – procure conversar com ele também com sua voz normal, para que gradativamente ele possa se acostumar com ela.

Leia meu rosto

Seu bebê se comunica com você de forma não-verbal, usando a linguagem do corpo. Ele diz a você o que está pensando e sentindo por meio de alterações em sua expressão facial, usando a escala limitada de sons disponíveis a ele (como o balbucio, o grito e o choro) e movendo os braços e pernas (ver páginas 36-37).

Você pode ajudá-lo a desenvolver essa forma de comunicação – que é precursora da linguagem falada – respondendo a ele de forma apropriada: por exemplo, confortando-o quando ele chora, sorrindo para ele quando ele sorri para você, ou agitando suas mãos com entusiasmo da mesma forma como ele faz para você. Quando você está em sintonia com a linguagem corporal de seu filho, ele pensa: "Sim, você me entende" e, conseqüentemente, sente-se seguro e feliz.

VOCÊ SABIA?

Psicólogos usam o termo "linguagem receptiva" para descrever a fala e a linguagem que uma criança entende, e o termo "linguagem expressiva" para descrever a fala e a linguagem que uma criança é capaz de produzir sozinha. Ambos os aspectos desenvolvem-se durante os três primeiros anos de vida.

Desde o nascimento, e durante a infância, a linguagem receptiva supera a linguagem expressiva. Em outras palavras, durante esse período, seu filho sempre entende muito mais do que consegue dizer. Portanto, quando você conversa com seu bebê usando uma gama de palavras comuns do dia-a-dia, ele começa a entender o significado delas associando-as a objetos específicos (por exemplo, você diz "ursinho" quando segura o ursinho de pelúcia dele), embora ainda não consiga expressá-las verbalmente.

Minhas memórias

Sem a memória, seu filho não conseguiria aprender a linguagem ou, de fato, não conseguiria aprender nada. Por exemplo, observe-o procurando por seu bichinho de pelúcia preferido – ele não somente consegue se lembrar aonde o viu pela última vez, como também onde ele pode estar agora. Se ele não tivesse uma boa memória, nem mesmo procuraria pelo brinquedo.

Isso é útil?

Por meio da memória, seu filho coleta informações, classifica-as, decide o que vale a pena ser mantido e o que pode ser descartado, armazena-as e depois as usa sempre que quiser. A mente de seu filho decide espontaneamente o que lembrar e o que esquecer, e depois arquiva as informações úteis na memória. Quando ele quer se lembrar de alguma coisa, é capaz de fazer isso. A memória é fundamental para o desenvolvimento da compreensão e do aprendizado.

Eu me lembro

Com apenas algumas horas de vida, seu bebê reage mais intensamente aos sons que ele ouvia quando estava dentro do útero do que a novos sons (ver páginas 24-25). Ele pensa: "Eu já ouvi isso antes". Assim como você, a memória de seu bebê é mais eficaz para eventos imediatos. Em um estudo, bebês com três meses de vida foram ensinados a acionar com o tornozelo um móbile pendurado sobre seus berços. Duas semanas depois, ao virem os móbiles novamente, os bebês pareceram ter esquecido como acioná-los. Mas com uma pequena ajuda (o pesquisador fez o móbile funcionar), os bebês pensaram: "Agora eu me lembro o que fazer" e começaram a acionar o móbile por conta própria.

Como a memória se desenvolve

Do nascimento em diante, seu filho tem cinco diferentes tipos de memória:

Memória visual: ele se lembra de visões (ele reconhece seu rosto, o brinquedo preferido, a irmã mais velha, o papel de parede do quarto).

Memória auditiva: ele se lembra de sons ouvidos antes (ele sorri quando ouve você dizer o nome dele suavemente, mesmo que não esteja vendo você naquele momento).

Memória do olfato: é a memória do bebê para o cheiro e os sabores (ele consegue distinguir o cheiro do leite de sua mãe do cheiro do leite de qualquer outra mulher, ver páginas 26-27).

Memória cinestésica: ele é capaz de recordar movimentos específicos que ele fez (ele logo aprende que agitar o chocalho faz com que ele faça barulho).

Memória semântica: a linguagem e as palavras têm um papel importante em nossas vidas, e a memória semântica permite que seu filho relembre a linguagem e o seu significado.

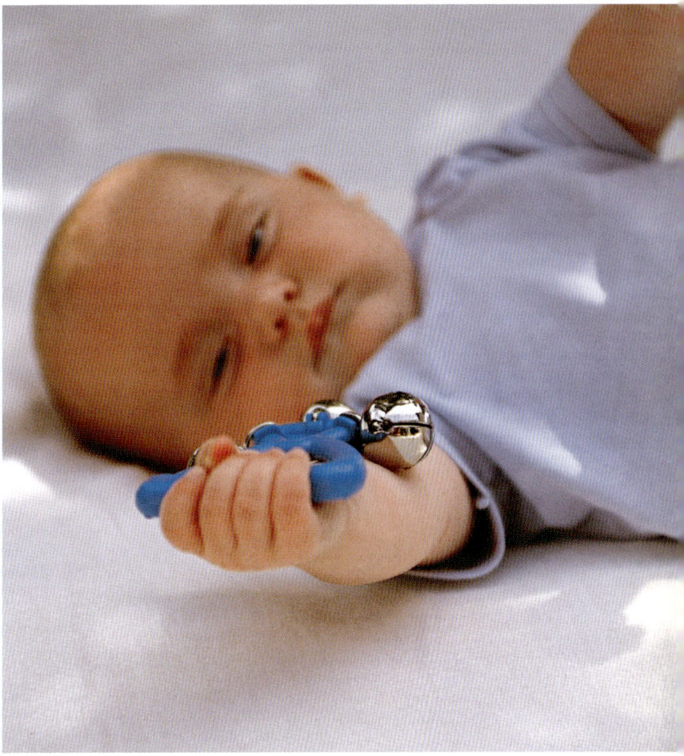

Está ficando melhor

Com sua ajuda, a memória de seu bebê evolui constantemente durante os dois primeiros anos de vida. O envolvimento prático o ajuda a recordar: por exemplo, é mais provável que ele se lembre de uma música ou de um poema se esteve ativamente envolvido, cantando junto ou falando o poema, em vez de somente tê-los ouvido. Ele pensa: "Eu me lembro porque já fiz isso antes".

E ele também lembra mais se sua memória tiver associações vívidas. Por exemplo, ele percebe que é mais fácil lembrar de uma música infantil se ela for apresentada de uma forma animada – seu interesse ajuda sua memória a ficar mais eficiente.

Praticar também é muito importante. É difícil para seu filho se lembrar de algo que ele só fez uma vez. A repetição e a prática permitem-no registrar a experiência em sua mente.

Oo, Aa

Aos dois meses de vida, seu bebê começa a perceber que pode fazer outros tipos de ruídos além de gritar e chorar. Você irá notar que ele emite sons guturais (gorjeios – vogais longas como "oo" e "aa") quando está alegre e se divertindo. Essa é sua maneira de dizer a você: "Eu estou me sentindo bem agora".

Eu me sinto bem

Comparado ao choro, os sons guturais são mais variados, tendo uma grande escala de tons, permitindo a seu bebê ampliar sua capacidade verbal gradativamente. O crescente aumento do controle de seus músculos vocais também contribui. Seu bebê emite esses sons para você porque ele se sente confortável e contente; ele quer que você sabia que ele está feliz. Não há outro significado por trás desses sons de bebê. Embora você possa ouvi-lo fazendo um som que remotamente lembra uma palavra, é somente coincidência, portanto, não dê muita importância para isso.

Bababa, dadada, mamama

Tudo começa a mudar por volta dos seis ou sete meses, quando seu filho deixa de emitir sons guturais e passa a balbuciar – sons distintos que são claros e reconhecíveis como sílabas individuais.

A maioria dos psicólogos concorda que as primeiras palavras de um bebê – que só surgem mais tarde – são baseadas nessas pequenas unidades do balbucio. Ao contrário dos sons guturais, o balbucio é intencional e é a maneira de seu filho praticar para, mais tarde, pronunciar palavras completas. Primeiro ele emite sons usando "balbucios duplicados", em que ele repete a mesma combinação de vogal e consoante como "dadada", mas, aos 10 ou 11 meses, isso muda para os "balbucios variados", em que ele forma uma série de diferentes sílabas, como "badumaná".

Entretanto, o balbucio funciona mais em benefício do bebê do que seu: estudos descobriram que um bebê balbucia mais quando está sozinho do que quando está em companhia de um adulto.

Eu adoro esse som

Seu bebê também adora ouvir os sons guturais e os balbucios, não importando se eles têm ou não algum significado. Ele pensa: "Esses sons que estou fazendo são muito interessantes", e por isso continua a emiti-los.

Evidências mostram que mesmo com apenas quatro meses de vida, seu bebê consegue distinguir a diferença entre uma sílaba e outra. Por exemplo, um estudo com bebês dessa idade descobriu que eles ficaram entediados e desinteressados (quando avaliados por seu ritmo de sucção) quando o som da mesma sílaba foi repetido várias vezes como "baa" e "baa". Mas quando um aspecto dessas unidades vogal-consoante era sutilmente alterado – por exemplo, para "baa" e "paa" – seu ritmo de sucção aumentava notavelmente. Isso prova que bebês conseguem distinguir essas combinações de sons. Seu filho gosta tanto desses sons que muitas vezes ele balbucia para si mesmo na hora de dormir ou quando acorda pela manhã.

PESQUISAS MOSTRAM

Outra vantagem em balbuciar é que seu bebê pode usar isso para guiá-lo para a conversação básica. Pesquisadores descobriram que o balbucio faz com que os pais espontaneamente ensinem a seus filhos habilidades de comunicação. O que ocorre é que a compreensão vocal de seu bebê age como um retorno positivo, que estimula as vocalizações dos pais. Os pais supõem que para o bebê os sons de seu balbucio têm um significado genuíno, embora não seja preciso, e portanto começam a falar com ele usando um estilo mais tradicional de conversação no qual o bebê balbucia, os pais falam, depois o bebê balbucia de novo, de forma alternada, contribuindo para esse diálogo.

Eu vou te mostrar o que quero dizer

Como seu bebê não consegue usar a linguagem falada para se expressar até que ele tenha dito pelo menos sua primeira palavra (e talvez ele não seja capaz de vocalizar suas emoções até que tenha completado dois ou três anos), ele usa a comunicação não-verbal para transmitir seus pensamentos e sentimentos a você.

Você consegue me entender?

A linguagem corporal – a mensagem que seu bebê transmite a você por meio dos movimentos do corpo, como olhares, expressões faciais e toques – é um importante canal de comunicação. Embora a compreensão da linguagem corporal possa ser complexa – estimativas sugerem que há mais de 1 milhão de gestos e expressões diferentes que transmitem um significado – você rapidamente irá se sintonizar com a comunicação não-verbal de seu filho (ver páginas 36-37). Quando você consegue interpretar suas mensagens não-verbais e reage de maneira apropriada, ele pensa: "Ótimo, agora estamos nos comunicando", e fica muito contente.

Como a linguagem corporal se desenvolve

Na fase em que começa a andar, seu filho começa a combinar gestos não-verbais, que permitem a ele um uso mais sofisticado da linguagem corporal. Seguem alguns pensamentos e sentimentos que seu filho transmite usando essas combinações de gestos:

"Eu consigo fazer sozinho": quando ele foge de você e reclama enquanto enfrenta um desafio difícil, ele está insistindo em dizer que ele é independente.

"Estou me sentindo frustrado": é uma frustração que faz com que ele chore e depois jogue o brinquedo no chão. Ele libera a tensão por meio de gestos com os braços, pernas e mãos.

"Eu quero que você seja meu amigo": quando seu filho quer fazer amizade com outras crianças, ele se locomove em direção a elas e fita-os sorrindo.

Olhe para mim

Seu bebê expressa sete emoções básicas por meio de sua expressão facial:

"Estou triste": seu lábio inferior projeta-se para fora, sua testa enruga, o queixo fica trêmulo – ele está muito triste.

"Estou feliz": seus olhos ficam bem abertos e brilhando, ele sorri e emite sons guturais – ele está muito feliz.

"Estou surpreso": quando experimenta essa sensação, os olhos e a boca de seu bebê ficam bem abertos, e sua testa bem franzida.

"Estou fascinado": quando está interessado em alguma coisa, seus olhos ficam levemente fechados, ele tenta se inclinar para frente e contempla sem hesitar.

"Estou desgostoso": ele expressa esse sentimento esticando a boca no sentido de seu comprimento e franzindo a testa.

"Estou com medo": o medo é expresso através da boca semi-aberta, os braços bem presos ao corpo e os olhos parcialmente fechados.

"Estou nervoso": o rosto vermelho, a testa franzida e a respiração ofegante indicam que ele está furioso.

Eu gosto de carinho

O toque de carinho entre você e seu bebê é freqüente nos primeiros meses de vida, mas diminui no final do segundo ano. As razões para isso estão no processo de desenvolvimento dele. Primeiro, porque seu filho está ficando independente: você não precisa mais segurá-lo enquanto o alimenta nem carregá-lo para todos os lugares. Segundo, porque agora ele escolhe quando quer carinho – ele foge de você quando não quer um abraço.

Porém, a diminuição de toque como uma forma espontânea de comunicação não-verbal, na verdade, passa a ter um significado emocional mais claro para seu filho. Como o carinho, os abraços e os gestos de amor não são mais parte essencial de sua vida, agora, quando ocorrem, são ainda mais especiais. Por exemplo, acariciar seu rosto enquanto ele está brincando tranqüilamente com seus brinquedos faz com que ele se sinta muito feliz.

Estou aprendendo a falar

O balbucio de seu bebê geralmente progride em direção à pronúncia de sua primeira palavra. Balbuciar é parte da preparação – você pode notar que por volta dos nove ou dez meses, o balbucio incorpora uma entonação que lembra o som e o estilo da linguagem que ele ouve de você. É como se ele estivesse aprendendo a entonação antes de aprender as palavras.

Tudo depende da entonação

O balbucio dos bebês geralmente possui duas entonações: uma entonação ascendente (a qual sugere que ele esteja pensando: "Agora é a sua vez de falar") e outra descendente (a qual sugere que ele esteja pensando: "Isso é tudo o que eu tenho para dizer sobre isso"). Além disso, nesse estágio de desenvolvimento, o balbucio de seu bebê torna-se mais próximo dos tipos de sons que você usa. É como se ele estivesse se preparando especificamente para dizer a primeira palavra para você.

Mama! Dada!

A primeira palavra de seu filho – pronunciada geralmente por volta dos 12 meses de vida – pode não ser necessariamente uma palavra como as que você usa. Tenha em mente que a primeira palavra de seu filho pode ser qualquer som (ou a combinação de sons) que ele usa insistentemente para se referir ao mesmo objeto. Portanto, se ele diz "nanãa" toda vez que você aparece, ele provavelmente esteja pensando: "Essa é minha mãe". As primeiras palavras mais comuns são "mamã" e "papa", embora nem sempre seja assim. Elas tendem a ser reconhecidas como as primeiras palavras de seu filho porque você se esforça para ouvi-las, porque está esperando por elas, porque são fáceis para ele pronunciá-las e porque, provavelmente, você diz essas palavras para ele sempre, na esperança de que ele as repita. A transição do balbucio para a fala é um processo gradativo que dura alguns meses, e não apenas semanas.

Olha quem está falando!

Depois da emoção gerada pela primeira palavra pronunciada por seu filho, você pode ficar desapontada por notar que o desenvolvimento de seu vocabulário é lento durante os meses subseqüentes. Mas saiba que isso é normal. Uma criança que pronuncia sua primeira palavra com um ano de idade geralmente utiliza só 30 a 50 palavras nos seis meses seguintes. Psicólogos supõem que isso ocorre porque seu filho pensa que a palavra se aplica somente a um objeto específico (cachorrinho para designar somente o cachorro de estimação da família), não percebendo que ela simboliza uma vasta gama de objetos (cachorrinho pode designar qualquer cachorro no mundo). Aos 18 meses, entretanto, as crianças apresentam a chamada "explosão do vocabulário", na qual há um grande aumento na proporção com a qual elas adquirem novas palavras. Estimativas sugerem que desse momento em diante seu vocabulário aumenta em uma média de seis palavras por dia.

O que é isso *exatamente*?

A maneira como as crianças ampliam seu vocabulário revela muito sobre sua capacidade de raciocínio. Por exemplo, nos primeiros estágios da fala, seu filho pode usar a palavra "tato" para se referir ao gato de estimação da família bem como a qualquer animal que ele veja e que ande sobre quatro patas, como cachorro, cavalo ou vaca. No momento em que essa expansão de vocabulário cessar e ele delimitar o uso de "tato" somente para gatos, você saberá que ele passou a entender a categoria conceitual de "gatos". Esse é um grande passo em seu processo de raciocínio.

Às vezes, por conta própria, seu filho cria novas palavras que ele nunca ouvira antes (para dizer que sabe alguma coisa, ele diz "eu sabo" em vez de dizer "eu sei") – esse é um sinal muito positivo que confirma que ele está começando a usar a linguagem de forma criativa e intencional.

Minhas próprias palavras

A partir dos 12-18 meses de vida, seu filho, às vezes, usa uma palavra como se ela fosse uma sentença inteira. Por exemplo, quando ele aponta para um copo de suco que foi derramado no chão e fala "suco", o que ele realmente quer dizer é "Meu suco caiu no chão".

Uma palavra é suficiente

Pode ser que nem sempre você entenda a intenção completa desses discursos de uma só palavra e isso pode deixar seu filho frustrado, mas faça o que puder para interpretar essas palavras de forma correta. Entre 18 e 24 meses, ele progride um pouco mais e começa a usar sentenças com duas palavras. Pesquisas sugerem que a criança só começa a falar usando frases e sentenças depois que seu vocabulário contiver pelo menos 100 palavras.

Eu consigo falar corretamente

Seu filho apresenta a chamada explosão do vocabulário aos 18 meses – e uma explosão de gramática cerca de 12 meses depois. Suas habilidades de comunicação se aprimoram rapidamente . O que ele fala está muito mais próximo do que ele pensa. Suas falas "telegráficas" desaparecem quando ele começa a incluir várias pequenas palavras como "e", "mas", "meu" e "sou". Rapidamente ele começa a usar plural, tempo passado, preposições e outras estruturas gramaticais menores. Em vez de usar substantivos e verbos, ele fala usando uma vasta gama de construções, fazendo com que sua fala fique mais próxima da sua. Ele também começa a usar a inflexão (ou seja, ele aumenta a voz no fim da frase para indicar que se trata se uma pergunta) – por exemplo: "Cadê ursinho?".

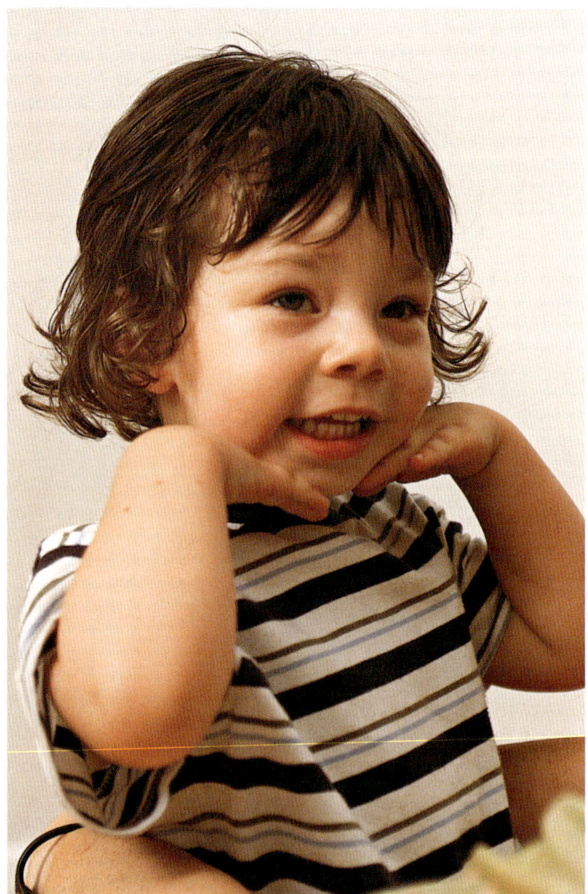

Primeiras sentenças

As primeiras sentenças de seu filho possuem várias características distintas:

Elas são curtas: ele muda de falas compostas por uma só palavra para frases com duas ou três palavras. Entretanto, aos dois anos de idade ele está usando sentenças com mais de quatro ou cinco palavras, e com 30 meses suas sentenças contêm mais de dez palavras.

Elas são "telegráficas": assim como os telegramas do passado utilizavam somente as palavras essenciais e deixavam de lado pequenas palavras, seu filho conversa da mesma forma. Ele diz: "Quero bola" em vez de dizer "Eu quero a bola".

Elas seguem regras: por exemplo, você consegue prever que ele vai dizer "cadeira do papai" quando ele quer dizer "Essa é a cadeira do papai". Ele usa as mesmas regras para falar todas as vezes.

É isso o que estou dizendo

Ocorrem tantas mudanças na fala de seu filho quando ele atinge o terceiro ano de vida que a lista seria muito extensa para mencionar. Muitas dessas mudanças têm a ver com a maneira com que ele usa o tom, a ênfase e a entonação com o objetivo de mudar subitamente o significado das palavras. Quando, por exemplo, ele vê que seu ursinho está quebrado, ele pensa: "Meu ursinho está quebrado, não é minha cadeira ou minha cama que está quebrada, mas meu ursinho". Ele sabe que enfatizar uma palavra na sentença é uma maneira eficaz de chamar a atenção, portanto ele é capaz de transmitir o significado específico usando menos palavras, combinadas com a ênfase na entonação. Dizendo: "Meu ursinho está quebrado", ele consegue dizer a você exatamente o que deseja expressar.

Uma vez que seu filho começa a falar usando sentenças, você pode observá-lo tendo uma conversa com alguém que não existe – talvez até oferecendo seus brinquedos ou água de sua caneca. Esse "ser invisível" é seu amigo imaginário, um fenômeno tão comum durante os anos pré-escolares que os psicólogos consideram-no uma parte normal do desenvolvimento da criança. Não se preocupe – ele sabe que seu amigo imaginário não existe. A presença desse amigo não é um sinal de que ele está se sentindo sozinho ou triste: é uma maneira simples de fazer seu dia-a-dia mais interessante por meio do uso de sua imaginação.

Vamos cantar!

Músicas e canções desempenham um papel importante na vida de seu filho, contendo inúmeras finalidades diferentes. Quando bebê, o relacionamento de seu filho com a música é passivo – ele gosta de ouvir porque não consegue cantar sozinho. Como você costuma cantar para ele quando quer acalmá-lo ou tranqüilizá-lo, enquanto o segura próximo ao seu corpo, aos poucos, ele começa a associar as canções a sentimentos agradáveis, relaxantes e acolhedores.

Cante para eu dormir

Seu filho a ouve cantar e pensa: "Você está aqui e isso me faz sentir protegido e seguro". É por isso que canções de ninar são tão eficazes. Talvez você possa pensar que sua voz cantando é horrível, mas seu bebê discorda totalmente – para os ouvidos dele, o som de sua voz cantando é a mais bonita do mundo, e ele adormece rapidamente durante a canção.

Eu vou cantar também

A partir dos 12 meses de vida ou mais, seu filho tenta participar das canções com você. Ele faz uma tentativa de imitar o tom, embora seus sons não sejam compatíveis com as palavras. Ele quer fazer o mesmo que você; seu rosto se ilumina quando ele ouve você cantar uma música familiar para ele.

Ao final de seu segundo ano de vida, ele gosta que você cante uma frase da música deixando a última palavra para ele completar – suas habilidades de vocabulário e memória estão maduras o suficiente para permitir que ele faça isso. E logo depois disso ele faz uma tentativa de cantar a frase toda sozinho. Somente depois dos dois ou três anos é que você consegue reconhecer com clareza as músicas que ele canta. Seu filho adora canções que envolvam ações e palavras.

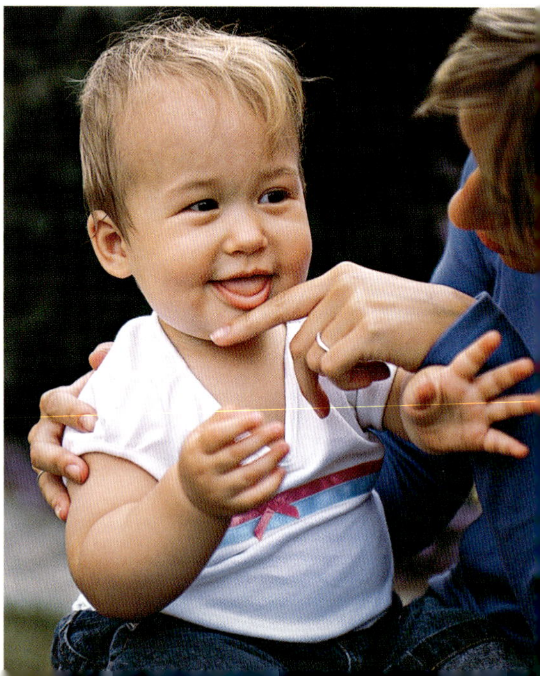

Vamos nos mexer!

Músicas típicas infantis costumam ser muito populares entre crianças novas, provavelmente porque elas possuem bastante repetição e muita interação. Por exemplo, a canção "Cabeça, ombro, joelho e pé" utiliza as mesmas palavras repetidamente e solicita a interação da criança para apontar os membros do corpo conforme vão sendo mencionados ao longo da música. Quando você canta a primeira frase da canção, seu filho já começa a fazer os movimentos pois se lembra do restante da música.

Quanto mais ações e palavras as músicas tiverem melhor. Você vai descobrir que seu filho quer que você repita a mesma rima várias vezes até que ele mesmo consiga pronunciá-la sozinho.

Como a habilidade de leitura ajuda

O conhecimento de músicas infantis e a capacidade de cantá-las podem estar relacionados à aquisição da habilidade da leitura. Um estudo examinou um grande número de crianças com três anos de idade e estimou o número de músicas infantis que elas conheciam. Alguns anos mais tarde, os pesquisadores examinaram as habilidades de leitura das mesmas crianças e a facilidade com que elas aprenderam a ler. Os resultados mostraram que as crianças que sabiam mais músicas infantis aos três anos de idade tinham uma consciência maior de sons e aprenderam a ler com mais facilidade, comparadas àquelas que conheciam menos músicas infantis naquela idade. Isso sugere que a experiência com músicas infantis durante a primeira infância aumenta a capacidade de raciocínio de seu filho de tal forma que lhe permite melhorar sua habilidade para aprender a ler.

Conversar, conversar, conversar

Seu filho aprende qualquer coisa (incluindo a linguagem) com mais facilidade quando está relaxado e se divertindo, portanto procure conversar com ele durante suas atividades diárias. Ele modela sua própria fala com base na sua e pensa: "Eu vou aprender a falar como você". Portanto, converse espontaneamente enquanto brinca com ele, troca sua roupa e o leva para passear.

Você está me ouvindo?

Embora o significado das vocalizações de seu filho não seja totalmente claro nos primeiros anos de vida, mostre a ele que você está ouvindo-o. Procure olhar para ele quando ele estiver falando com você, e tente lhe responder de forma apropriada. Ele fica feliz com sua atenção.

Isso faz diferença

Para seu filho, a variedade pode ser o tempero da vida. Sabemos que ele gosta das rotinas familiares (ver páginas 40-41), mas ele também gosta de experimentar novas atividades.

Tente desenvolver uma série de exercícios de estimulação da linguagem. Por exemplo, além de canções e músicas você pode ler histórias para ele – ele simplesmente adora ficar olhando para os livros de história enquanto você os lê. Deixe-o chegar perto do livro, sugira que ele aponte as figuras que vão sendo mencionadas ao longo da história, e vá alterando seu tom de voz para adaptá-lo ao contexto e ao tema da história.

Dê a ele um telefone de brinquedo. Seu filho de dois anos adora uma conversa imaginária, quem sabe "telefonando" para sua avó ou para seu melhor amigo. Depois que ele começar você vai ter trabalho para fazê-lo parar!

Como a fala se desenvolve

Uma criança nova costuma usar um ou dois estilos de fala. Ela pode usar palavras em um estilo expressivo, para descrever ou aperfeiçoar relacionamentos sociais (como "por favor", "obrigada" e "sim"), ou em um estilo referencial, para dar nome a objetos específicos (como "vovó", "cachorro" e "copo"). Pesquisadores descobriram que crianças que utilizam predominantemente o estilo expressivo são mais interessadas em pessoas e em interações sociais; elas geralmente usam séries de palavras mais longas e, geralmente, sua linguagem surge antecipadamente. Entretanto, elas tendem a ter vocabulários menores. Em contraste, crianças com um estilo referencial tendem a ser mais solitárias e mais interessadas em objetos do que em pessoas; elas geralmente possuem uma gama muito maior de palavras e são mais capazes de entender a linguagem adulta.

A partir dos dois anos de idade, seu filho começa a fazer muitas perguntas. Ele percebe que essa é uma forma eficaz de obter novas informações – e também de conseguir sua atenção, portanto não se surpreenda com sua lista interminável de perguntas. Trate-as com seriedade e responda-as da melhor forma que puder. Por meio de suas respostas positivas, seu filho pensará: "Essa é uma ótima maneira para eu aprender mais", e isso incentivará sua mente curiosa.

Vou tentar de novo

Esteja certa de que seu filho irá cometer muitos erros enquanto estiver aperfeiçoando sua fala e sua linguagem. Às vezes, ele confunde as palavras, de tempos em tempos erra a pronúncia da primeira letra das palavras, e até mesmo compõe palavras que ele nunca a ouviu dizer. Não o corrija quando ele cometer esse tipo de erro, pois ele pode pensar: "É melhor eu ficar quieto do que ter de ficar repetindo tudo o que falo". Em vez disso, diga você mesma as palavras e as frases da forma correta, como se você estivesse concordando com ele, em vez de apontar os seus erros. Por exemplo, se você pergunta a ele: "Você sabia disso?" e ele responde: "Sim, eu sabiva", você deve dizer em seguida: "Sim, você sabia".

Índice remissivo

Agradecimentos

Agradeço a todos os pais e crianças que participaram da sessão de fotos para este livro: Megan Bradley; Alexa e Sacha Congreave; Mary e Emma Craig; Michelle Hale e Chloe Fackerell; Chie e Shelly Gordon; Julie e Adam Grimes; Paul, Penny, Louis e Freddie Hannam; Katie e Willoughby Hardwicke; Nicola Hendey; Christine Henry; Rachel Green e Philip Jones; Annabel, Amber e Mathilde King; Katie e Danny Knowles; Sofia May Leeson; Shaun e Freddie McGrath; Shirley McIntosh; Julia e Oscar McKay; Mirka Miturova; Jemma Jessup e Jaya Morrison; Tess Partington; Katy Linfield e Billie Powell; Caroline Pole e Harry Randall; Nikki, Bea e Mabel Simms; Sian Dodds e Lauren Strand; Rhonda e Adam Summersbell; Brett e Ellie Thorburn; Claire Wedderburn-Maxwell e Amelia Thorpe; Julia e Millie Twelftree; Anja e Isabella Valentic; Kate e Evie-May Walsh; Claire e Asha White; e Chris, Elizabeth e Alice Wilson.

Agradecimentos pelas fotografias

Fotografia especial: © Octopus Publishing Group Limited/Russell Sadur. **Outras fotografias: BananaStock** 13 foto abaixo, 36 foto à direita no centro, 41 foto à esqueda acima, 43 foto à direita abaixo, 85 foto à esquerda acima. **Corbis UK Ltd**/Lester Lefkowitz 18 foto à direita no centro. **Octopus Publishing Group Limited**/Adrian Pope 31 foto abaixo, 40 foto à direita abaixo, 41 foto à direita abaixo, 56 foto à esquerda abaixo, 70 foto à direita abaixo, 76, 114, 129; /Peter Pugh-Cook 46, 48. **Photodisc** 8, 27 foto abaixo, 103 foto à esquerda abaixo.

Editor executivo Jane McIntosh
Gerente de edição Clare Churly
Gerente de design Tokiko Morishima
Gerente de banco de imagens Jennifer Veall
Pesquisa iconográfica Sophie Delpech
Designer Maggie Town
Fotógrafo Russel Sadur
Assistente de produção Nosheen Shan